CÓMO ADAM SMITH PUEDE CAMBIAR TU VIDA

CÓMO ADAM SMITH PUEDE CAMBIAR TU VIDA

Russ Roberts

Traducción de Félix Alba

Antoni Bosch editor

Antoni Bosch editor, S.A.
Palafolls, 28, 08017, Barcelona
Tel. (+34) 93 206 0730
info@antonibosch.com
www.antonibosch.com

Título original de la obra: *How Adam Smith Can Change Your Life. An Unexpected Guide to Human Nature and Happiness*

This edition published by arrangement with Portfolio, an imprint of Penguin Publishing Group, a división of Penguin Random House LLC.

ISBN: 978-84-941076-8-9
Depósito Legal: B. 23697-2015

Diseño de la cubierta: Compañía
Fotocomposición: Enric Rújula
Corrección: Andreu Navarro
Impresión: Bookprint Digital

Impreso en España
Printed in Spain

Para Sharon

ÍNDICE

Capítulo 1
Cómo Adam Smith puede cambiar tu vida

¿Qué significa vivir bien? La religión, la filosofía y los actuales libros de autoayuda abordan esta cuestión, pero la respuesta es escurridiza. ¿Qué significa ser feliz? ¿Tiene que ver con la riqueza y el éxito profesional? ¿Qué papel desempeña en ello la virtud? ¿Significa ser buena persona? ¿Significa ayudar a los demás y convertir el mundo en un lugar mejor?

Hace doscientos cincuenta años un filósofo moral de origen escocés se planteó estas mismas preguntas en una obra con un título tan poco atractivo como *La teoría de los sentimientos morales*. En este libro, Adam Smith intentaba explicar el origen de la moral y de por qué somos capaces de comportarnos con honradez e, incluso, virtuosamente en situaciones en las que obrar así entra en conflicto con nuestros propios intereses. Es una mezcla de psicología, filosofía y lo que hoy en día se llama *economía del comportamiento*, salpimentada además con las opiniones de Smith sobre la amistad, la búsqueda de la riqueza, la felicidad y la virtud. A lo largo de sus páginas, Smith cuenta a sus lectores qué significa vivir bien y cómo conseguirlo.

En su época el libro fue un éxito, pero actualmente *La teoría de los sentimientos morales* casi ha caído en el olvido, eclipsado por la reputación que obtuvo Smith con su segunda obra. Con *Una investigación sobre la naturaleza y las causas de la riqueza de las naciones*, publicado en 1776, Adam Smith consiguió una fama perenne y dio origen a la ciencia económica. A pesar de que hoy en día no haya muchos lectores que se acerquen al libro, *La riqueza de las naciones* es, sin lugar a dudas, un texto célebre, un clásico, cabría decir; pero todavía son menos los lectores que se embarcan en su otra obra, *La teoría de los sentimientos morales*, que es poco conocida.

Yo pasé sin leerla la mayor parte de mi carrera profesional, lo que resulta un tanto embarazoso de confesar para un economista. Se supone que debería haber leído las dos obras más importantes del fundador de mi disciplina académica, pero hasta hace poco no sabía mucho sobre *La teoría de los sentimientos morales*. De hecho, durante la mayor parte de mi carrera no escuché a nadie mencionar el *otro* libro de Adam Smith, el que no era famoso, aquel tan raro y con ese título tan poco atractivo que no parecía tener mucho que ver con la economía.

Mi actitud respecto de *La teoría de los sentimientos morales* cambió el día en que mi amigo Dan Klein, de la Universidad George Mason, me propuso que le hiciera una entrevista centrada en el libro en mi programa semanal de radio en *podcast*, *EconTalk*. Me pareció bien y me dije que sería una buena excusa para leerlo por fin. Tenía, además, un ejemplar que había comprado hacía unos treinta años, ya que pensaba que un economista estaba obligado, al menos, a tener *en propiedad* los dos libros de Adam Smith. Lo cogí de la estantería, abrí el libro por la primera página y comencé a leer:

> Por más egoísta que se pueda suponer al hombre, existen evidentemente en su naturaleza algunos principios que le hacen interesarse por la suerte de otros, y hacen que la felicidad de éstos le resulte necesaria, aunque no derive de ella nada más que el placer de contemplarla.[1]

Cuarenta y siete palabras: un razonamiento demasiado largo para lo que se acostumbra hoy en día. Tuve que leer la frase inicial del libro de Smith dos veces para entender

1 A. Smith, *La teoría de los sentimientos morales*, introducción, traducción y notas de C. Rodríguez Braun, Alianza, Madrid, 1997. Todas las citas de la obra de Smith se extraen de esta traducción castellana. *(N. del t.)*

qué estaba diciendo: que incluso a pesar de que podamos ser bastante egoístas, nos preocupamos por la felicidad de los demás. Tiene sentido. Continué con la lectura: leí la primera página, luego la segunda y después la tercera. Cerré el libro. Segunda confesión: no tenía ni idea de lo que Smith quería decir. El libro parecía comenzar a mitad de camino. A diferencia de *La riqueza de las naciones*, cuya prosa resulta deliciosa y cautivadora desde el primer momento, *La teoría de los sentimientos morales* avanza con mucha lentitud. Empecé a ponerme nervioso: quizá no debería haber aceptado hacer la entrevista. No estaba seguro de poder hacerme una idea clara sobre el contenido del libro. Iba a quedar en evidencia y en situación incómoda, y pensé en pedirle a Dan que canceláramos la grabación.

Pero perseveré, esperando encontrar algo a lo que agarrarme. Volví a empezar por el principio. Finalmente comencé a intuir qué era lo que Smith se llevaba entre manos. Cuando tenía leído un tercio del libro, me enganché. Me lo llevé a los partidos de fútbol de mi hija y lo devoraba durante el descanso, cuando mi hija no estaba jugando. Comencé a leerles extractos en voz alta a mi mujer y a mis hijos a la hora de cenar, esperando despertar en ellos el interés por las ideas de Smith acerca de cómo relacionarse con los demás. Los márgenes del libro comenzaron a llenarse de estrellas y signos de exclamación señalando los pasajes con los que más había disfrutado. Nada más terminar el libro quería subirme al tejado y gritar al mundo entero: «¡Es una maravilla, un tesoro oculto! ¡Tenéis que leerlo!».

El libro hizo que cambiara mi forma de considerar a los demás y, lo que quizá sea más importante, cambió mi forma de considerarme a mí mismo. Smith me hizo percatarme de que nos interrelacionamos de maneras que me habían pasado desapercibidas hasta entonces. Da consejos intemporales sobre cómo debemos lidiar con el dinero, la ambición, la fama y la moral. Indica al lector dónde encontrar la felicidad y cómo relacionarse con el éxito y el fracaso materiales. También describe el camino que conduce a la virtud y la bondad y por qué es un camino por el que merece la pena transitar.

Smith me ayudó a entender por qué Whitney Houston y Marilyn Monroe fueron tan desdichadas y por qué sus muertes entristecieron a tanta gente. Me ayudó a entender el afecto que les tengo a mi iPad y a mi iPhone y también por qué nos tranquiliza hablar con extraños acerca de nuestros problemas o por qué somos capaces de imaginar atrocidades, pero rara vez las llevamos a cabo. Me ayudó a entender también por qué adoramos a algunos políticos y de qué modo la moral está inscrita en la estructura del mundo.

A pesar de que es el padre del capitalismo y escribió el libro más célebre —y quizá el mejor— acerca de por qué algunas naciones son ricas y otras son pobres, en *La teoría de los sentimientos morales* Adam Smith hizo gala de una elocuencia inusitada sobre la futilidad de tratar de acumular dinero con la esperanza de encontrar la felicidad. ¿Cómo reconciliar esto con el hecho de que nadie se haya esforzado tanto como Adam Smith para hacer del capitalismo y del egoísmo algo respetable? Esta es la madeja que trataré de desenredar hacia el final de este libro. Además de percibir el vacío que acompaña al exceso de materialismo, Smith entendió nuestra capacidad para engañarnos a nosotros mismos, los peligros que entrañan las consecuencias involuntarias de nuestras acciones, el atractivo de la fama y el poder, las limitaciones del pensamiento racional y las causas ocultas que hacen que nuestras vidas sean tan complejas y, a pesar de ello, en ocasiones tan ordenadas. *La teoría de los sentimientos morales* es un libro que observa y analiza nuestras motivaciones. Pero además, como propina y casi de pasada, Smith nos cuenta cómo llevar una vida buena en el sentido más pleno de la expresión.

Los acontecimientos que marcan la propia vida de Smith son bastante anodinos. Nació en la localidad de Kircaldy, Escocia, en 1723, unos pocos meses después del fallecimiento de su padre. A los catorce años, Smith ingresó en la Universidad de Glasgow, luego en Oxford; regresó a Escocia para impartir docencia en la Universidad de Edimburgo y en 1751 fue nombrado profesor de lógica de la Universidad de Glasgow, donde más tarde pasó a impartir filosofía moral. Su madre y su tía soltera se mudaron a vivir con él en la casa que le proporcionó la universidad. En 1763 dejó de lado la vida académica por un empleo más lucrativo como tutor del rico y joven duque de Buccleuch.

Este cambio de rumbo debió de ser bastante drástico para Smith, que contaba entonces cuarenta años, pues le permitió observar de cerca los hábitos de vida de los ricos y famosos de su época. Durante dos años y medio, Smith viajó por Francia y Suiza con el joven duque y, en sus idas y venidas, conoció personalmente a algunos de los grandes intelectuales europeos de su tiempo, entre ellos a Voltaire, François Quesnay y Anne-Robert-Jacques Turgot. Tras su regreso del continente, pasó los siguientes diez años en Kircaldy y luego en Londres, trabajando en *La riqueza de las naciones.*

En 1778 se trasladó de Londres a Edimburgo para vivir allí con su madre y algunos familiares. Ese mismo año se convirtió en una de las cinco personas elegidas para desempeñar el cargo de comisario de aduanas en Escocia, y encabezó un organismo burocrático dedicado a la persecución del contrabando y a recaudar aranceles. Quien posiblemente fuera el más influyente defensor del libre comercio de toda la historia de la economía política pasó los últimos años de su vida reduciendo el flujo de bienes de contrabando y cobrando aranceles para el gobierno.

Aparte de su estancia en Europa, parece que Smith llevó lo que la mayoría de nosotros consideraría una vida insulsa. Fue lector, profesor y tutor: tres empleos que se tiende a ver como alejados de lo que podríamos llamar el mundo real. Joseph Schumpeter escribió: «Ninguna mujer, a excepción de su madre, desempeñó un papel importante en su vida: tanto en este como en otros aspectos, los atractivos y pasiones de la vida no eran para él sino materia literaria». Schumpeter exagera un poco, pero Smith nunca contrajo matrimonio. Falleció en 1790, a los sesenta y siete años.

Esa fue la vida pública de Smith, pero ¿qué hay de su vida interior? Ninguno de sus cuadernos ni diarios sobrevivieron a su muerte: solicitó expresamente que todos sus papeles íntimos fueran destruidos. A excepción de unas pocas, todas sus cartas son sobrias y están redactadas en un tono formal, hasta las que intercambió con su mejor amigo, el gran filósofo y compatriota suyo David Hume. ¿Cómo es posible que un hombre con una experiencia vital aparentemente tan limitada como Smith fuera capaz de sondear las profundidades de las relaciones humanas y arreglárselas para sacar a la luz tan penetrantes observaciones?

Sabemos que lo logró porque disponemos de *La teo-*

ría de los sentimientos morales. Publicado por vez primera en 1759, el libro se reeditó en seis ocasiones, la última en 1790, el mismo año del fallecimiento de Smith, cuando llevó a cabo una revisión a fondo del texto. Cabría decir, en cierto sentido, que *La teoría de los sentimientos morales* fue el primer y el último libro de Smith.

Creo que he entendido por qué lo revisó al final de su vida, en una época en la que apenas estaba realizando tareas académicas serias de las que tengamos noticia. En cuanto uno comienza a darle vueltas a lo que impulsa a los seres humanos y a las luces y sombras de la condición humana —lo que Faulkner denominó el «corazón humano en conflicto consigo mismo»—, resulta difícil pensar en otra cosa. El interés por comprender a nuestros semejantes y comprendernos a nosotros mismos nunca pasa de moda. Cada día nos levantamos con un nuevo muestrario de datos que digerir y explorar: todas las relaciones que establecemos con nuestros amigos, familiares, colegas y extraños.

Al leer *La teoría de los sentimientos morales* nos damos cuenta de que la moral, el sentido de la vida y el comportamiento de la gente no han cambiado mucho desde el siglo XVIII. Un hombre lo bastante sabio como para proyectarse más de doscientos años en el futuro puede captar nuestra atención y enseñarnos unas cuantas cosas acerca de nosotros mismos y de lo que es importante.

Por suerte, Smith es, además, un buen escritor. Es irónico, divertido y elocuente. En sus mejores momentos, cuando nos advierte del peligro de preocuparnos demasiado por los artefactos que llevamos en el bolsillo, se diría que hemos encontrado una fuente de sabiduría secreta. Es como descubrir que un hombre de éxito como Bruce Wayne[2] tiene aún más que ofrecerle al mundo y que quizá su cara oculta sea todavía más interesante que la pública.

Y si es así, ¿por qué *La teoría de los sentimientos morales* es tan poco conocida? La hoja de ruta trazada por Smith para conducirnos a la felicidad, la bondad y el autoconocimiento es antigua. El lenguaje está un poco anticuado y delata su procedencia del siglo XVIII. Es más, es una hoja de ruta llena de giros y virajes complicados. De vez en cuando, el libro parece volver sobre sus pasos y uno tiene la sensación de haber pasado ya por ese mismo sitio. No es un viaje fácil para el lector contemporáneo.

Smith redactó en realidad un tratado académico, en una suerte de competición intelectual con otros autores que tenían sus propias teorías acerca de qué mueve a las acciones humanas. Casi todos esos autores —como Bernard Mandeville, Francis Hutchenson o los estoicos— han sido olvidados por la mayoría de nosotros hace mucho tiempo, al igual que su particular visión de la humanidad.

2 Bruce Wayne es el nombre del millonario filántropo cuyo álter ego, Batman, combate el crimen en la popular serie de la DC Cómics. *(N. del t.)*

Smith dedica una considerable cantidad de páginas a explicar por qué sus teorías y observaciones son preferibles a las de la competencia, por lo que cuesta interpretarlo como un libro de autoayuda.

Me haría muy feliz que hubiera más lectores de *La teoría de los sentimientos morales.* Todavía sigue a la venta una maravillosa edición a un precio muy razonable y también se puede leer gratis en EconLib.org. Buena parte del encanto de *La teoría de los sentimientos morales* radica en la cualidad poética del lenguaje de Smith. Era un gran retórico y ello explica parte de su éxito. Ahora bien, para nosotros, los lectores del siglo XXI, la prosa antigua puede resultar desalentadora: las frases son a menudo demasiado largas y están estructuradas de forma que nuestros cerebros no procesan bien la información a no ser que estén habituados a ello. Requieren bastante tiempo y paciencia. Justamente por ello, este libro pretende poner las observaciones de Smith al alcance de quienes estén demasiado ocupados para leer su obra. Otro de mis propósitos es actualizar las ideas de Smith y entender cómo pueden sernos útiles. Todos nos consideramos en alguna medida especiales —y no me cabe duda de que ustedes lo son—, pero también tenemos mucho en común. Nuestros puntos fuertes y débiles son muy parecidos, de modo que, cuando Smith me enseña algo acerca de mí, también me está enseñando a menudo algo acerca de los demás.

Por un lado, eso me ayuda a tratar a los otros como a mí me gustaría ser tratado y, por otro, da una idea acerca de cómo han de tratarme. Más allá de esto, Smith intentaba entender qué es lo que nos hace felices y lo que da sentido a la vida, y entender esto sigue siendo muy útil.

He intentado hacer asequibles las enseñanzas de Smith. La estrategia normal hubiera sido seguir su propia narración, pero esta no es lineal y muchas de sus preocupaciones y temas no resultan demasiado interesantes para el lector contemporáneo, de modo que he seleccionado las observaciones más relevantes y las he organizado de un modo que considero más accesible que el original. Cito al propio Smith siempre que puedo, y he intentado incluir la mayoría de mis citas favoritas de *La teoría de los sentimientos morales*. Allí donde me ha parecido necesario, las he dividido y las he comentado, explicando determinadas alusiones y peculiaridades estilísticas propias de un hombre culto del año 1759. Salvo indicación en sentido contrario, todas las citas están extraídas de *La teoría de los sentimientos morales*. Dentro de las propias citas suelo usar corchetes [como este] para explicar una palabra o expresión arcaizantes.

Seguramente se esté usted preguntando qué tiene que ver con la ciencia económica —el legado principal de Smith— un libro del siglo XVIII que trata sobre la moral y la naturaleza humana. La economía del comportamiento estudia, hoy en día, la frontera entre la economía y la psicología, y ese es un terreno muy vinculado con Smith. Sin embargo, la mayor parte de los economistas del siglo XXI intentan predecir los tipos de interés, proponen políticas que reduzcan el desempleo y palien sus consecuencias o aspiran a pronosticar cuál será el PIB del siguiente trimestre. A veces también intentan explicar las subidas y bajadas del mercado de valores. Tampoco es que sean particularmente buenos en ninguna de estas cosas y la mayoría de las veces ni siquiera se ponen de acuerdo en qué medidas serían las mejores para activar la economía, lo que lleva a los que no son economistas a concluir que el dinero es el eje casi exclusivo de la ciencia económica y que los economistas no son muy fiables en sus predicciones del futuro, ni tampoco los mejores ingenieros para hacer funcionar la maquinaria económica.

Desgraciadamente, los medios de comunicación y la opinión pública esperan de los economistas precisamente aquello en lo que estamos más en pañales: a saber, que demos respuestas precisas a preguntas que presuponen que la economía es como un gran reloj o una máquina gigante cuyos engranajes pueden ser regulados y controlados con cierto grado de precisión. El fracaso de mi gremio a la hora de prever la Gran Recesión,[3] de ponerse de

---

3 Por *crisis económica de 2008 a 2015*, también denominada «Gran Recesión» se conoce a la crisis económica mundial que comenzó en el año 2008. *(N. del t.)*

acuerdo en cómo salir de ella o de predecir cuál era el camino que conducía a la recuperación debería servir de cura de humildad para todos los economistas.

Sin embargo, la ciencia económica es bastante útil, aunque no lo sea desde el punto de vista de las expectativas que la gente deposita en ella. Cuando le digo a la gente que soy economista, a menudo responden cosas como: «Eso debe de venir muy bien a la hora de hacer la declaración de la renta» o «seguro que eres un experto en bolsa». Suelo explicarles que, desgraciadamente, no soy ni gestor administrativo ni corredor de bolsa, pero una de las cosas más útiles que he aprendido de la ciencia económica es a ser extremadamente escéptico cuando un experto en bolsa aconseja comprar unas acciones que van a subir como la espuma. Evitarle pérdidas a uno no es tan fascinante como prometerle ganancias millonarias, pero no deja de ser provechoso.

Además, de lo que se trata en realidad es de que la ciencia económica tiene que ver con algo más importante que el dinero.

La ciencia económica nos ayuda a entender que el dinero no es lo más importante en la vida, que elegir significa dejar algo de lado, y puede ayudarnos a comprender la complejidad de las cosas y cómo unos comportamientos y unas personas que aparentemente no tienen nada en común pueden llegar a estar estrechamente interrelacionados. Estas y otras ideas se encuentran diseminadas en las páginas de *La teoría de los sentimientos morales.* El dinero está bien, pero quizá sea mejor saber cómo relacionarse con él. Una estudiante me contó una vez que uno de sus profesores decía que la economía es el estudio de cómo sacarle el mayor partido a la vida. Una afirmación así puede resultar chocante, incluso para los que se hayan graduado en Económicas, pero vivir significa tener que elegir. Sacarle el mayor partido a la vida significa elegir bien y con sabiduría, y ser consciente de que elegir un camino significa desechar otro, y de que mis decisiones se entretejen con las de los demás es la esencia de la ciencia económica.

Si usted quiere elegir bien, tiene antes que entenderse a sí mismo y a aquellos que le rodean. Si usted quiere sacarle el mayor partido posible a la vida, es seguramente más importante entender lo que Smith quiere decirnos en *La teoría de los sentimientos morales* que lo que expone en *La riqueza de las naciones.* Así que manos a la obra.

Capítulo 2

Cómo conocernos a nosotros mismos

Usted está sentado en su escritorio a media tarde, trabajando en una hoja de cálculo para un presupuesto que tiene que quedar cerrado esa misma noche. Al mismo tiempo, está dando vueltas a en qué términos redactar la carta de presentación que acompañará el presupuesto. Y en alguna parte recóndita de su cerebro, se acuerda de que esta noche su hijo de catorce años tiene partido de baloncesto y no está seguro de cómo llegar hasta el pabellón.

Mientras añade otra columna a la tabla del presupuesto y se pregunta si su esposa no podría llevar al chico al partido, un compañero de trabajo se deja caer por su despacho y le pregunta si ha visto las noticias. Ha habido un gran terremoto en China, dice, con decenas de miles de muertos y otros tantos desaparecidos. «Es horrible», contesta usted, y la expresión de su cara refleja la tristeza que siente. Quizá entra en Internet para averiguar más detalles. Durante un momento se acuerda de la filial china de la empresa en la que trabaja. ¿Habrá resultado afectada?

De vuelta al presupuesto, pasan cinco minutos y recibe una llamada de su esposa. Al fin y al cabo, ella tiene más tiempo para ir al partido y se encargará de llevar a los muchachos en coche. Le enviará un mensaje de texto cuando su hijo enceste y le irá contando cómo va el partido. «Estupendo», se dice usted a sí mismo: así podrá quedarse hasta terminar el presupuesto. Estará bien poder llegar a casa a cenar y que esta tarea no quede pendiente.

Se ha olvidado de todos esos muertos en China.

Bueno, no exactamente. No es que se le haya olvidado de manera literal: si otro compañero se acerca un poco más tarde a su despacho y le pregunta si ha visto las noticias, seguro que su respuesta es: «Sí, menuda tragedia». Quizá tras esta segunda mención se plantee realizar una donación a la Cruz Roja, y es muy posible que la haga a continuación.

Ahora bien, unos pocos minutos más tarde, aun cuando los chinos no hayan quedado relegados al olvido, no va a estar pensando en ellos. Su cabeza estará volcada en terminar el presupuesto y andará con ganas de llegar a casa a cenar y que le cuenten cómo ha ido el partido de baloncesto de su hijo. Y cuando le llega un mensaje de su esposa diciéndole que está haciendo un buen partido y que en el descanso van ganando por cinco puntos, el placer que siente por los logros de su hijo no se verá disminuido ni en un ápice por las decenas de miles de muertos en China ni por todas las familias de los desaparecidos desesperadas por encontrar a sus seres queridos. Su dolor a duras penas penetrará en su conciencia. Por la noche, en la cama con su esposa, cuando ella diga que el terremoto ha sido espantoso, usted asentirá con un balbuceo y se quedará dormido sin pensar en los muertos más que un instante. La catástrofe no alterará su descanso.

Imaginemos, sin embargo, una secuencia de acontecimientos distinta. En esta, cuando su compañero de trabajo asome la cabeza por su despacho, será para decirle que ha recibido una llamada del centro médico. Usted sabe por qué. Le ha salido un bulto en un dedo y le llaman para comunicarle los resultados de la biopsia. Su corazón se pone a mil mientras marca el número del centro médico. Se trata de un cáncer: hay que amputar el dedo.

No es tan grave. Está en el meñique: le va a costar un poco más de trabajo convertirse en un virtuoso de la guitarra, pero no es para tanto. Además, usted ni siquiera sabe tocar la guitarra. Apenas tendrá otras consecuencias y el doctor le asegura que no va ser necesario ningún tratamiento posterior. Ya han programado la intervención para el día siguiente. Esa misma noche yacerá en la cama, incapaz de conciliar el sueño, ansioso, preocupado y deseando que todo aquello no fuese más que una pesadilla.

En 1759 Adam Smith apuntó que nos sentimos peor —mucho peor— ante la perspectiva de perder un meñique que ante la muerte de una multitud de extraños. Así es la naturaleza humana: la misma en 1759 que ahora. La televisión e Internet hacen que las tragedias sean ahora mucho más escabrosas que en tiempos de Smith, pero sus intuiciones siguen siendo certeras. Comienza imaginándose un terremoto:

> Supongamos que el enorme imperio de la China, con sus miríadas de habitantes, súbitamente es devorado por un terremoto, y analicemos cómo sería afectado por la noticia de esta terrible catástrofe un hombre humanitario de Europa, sin vínculo alguno con esa parte del mundo.

¿Cómo reaccionaría un hombre humanitario de Europa?

> Creo que ante todo expresaría una honda pena por la tragedia de ese pueblo infeliz, haría numerosas reflexiones melancólicas sobre la precariedad de la vida humana y la lenidad de todas las labores del hombre, cuando puede ser así aniquilado en un instante. Si fuera una persona analítica, quizá también entraría en muchas disquisiciones

> acerca de los efectos que el desastre podría provocar en el comercio europeo y en la actividad económica del mundo en general.

Sí, afirma Smith, expresaremos inquietud, manifestaremos nuestra tristeza e incluso cabe que nos preguntemos sobre los efectos de la catástrofe. Pronunciaremos las palabras apropiadas y nuestros rostros adoptarán las expresiones adecuadas, pero todo ello será pasajero.

> Una vez concluida esta hermosa filosofía, una vez manifestados honestamente esos filantrópicos sentimientos, continuaría con su trabajo o su recreo, su reposo o su diversión, con el mismo sosiego y tranquilidad como si ningún accidente hubiese ocurrido.

Para bien o para mal, la vida continúa. Por desgracia, la afirmación de Smith es válida para la mayoría de nosotros. A continuación, Smith imagina cuán diferente sería nuestra reacción ante la pérdida potencial de un meñique:

> El contratiempo más frívolo que pudiese sobrevenirle daría lugar a una perturbación mucho más auténtica. Si fuese a perder su dedo meñique mañana, no podría dormir esta noche; pero siempre que no los haya visto nunca, roncará con la más profunda seguridad ante la ruina de cien millo-

> nes de semejantes y la destrucción de tan inmensa multitud claramente le parecerá algo menos interesante que la mezquina desgracia propia.

Nuestra capacidad para sentir el sufrimiento ajeno es siempre menor que la de sentir el propio. Vale, puedo vivir con eso, pero ¿realmente nos importa más nuestro dedo meñique que la muerte de «tan inmensa multitud»? Eso no es tan fácil de asumir. Parece que Smith estuviera diciendo que somos grotescamente egoístas.

Diríase que eso confirma la opinión común según la cual Smith consideraba el egoísmo como motor del mundo. A menudo se caricaturiza a Smith como un precursor escocés de Ayn Rand, quien, además de *La rebelión de Atlas*, escribió una obra titulada *La virtud del egoísmo*.[4] En *La teoría de los sentimientos morales* Smith dedica bastantes páginas a tratar sobre diferentes virtudes. El egoísmo no se cuenta entre ellas.

Lo que sí sugiere Smith en su célebre obra *La riqueza de las naciones* es que a los seres humanos nos mueve, ante todo, nuestro interés personal, lo cual no es lo mismo que afirmar que seamos egoístas. En el comienzo de *La riqueza de las naciones*, Smith explica el poder de la división del trabajo a la hora de generar prosperidad. Lo ideal es que

4 Ayn Rand, *La rebelión de Atlas*, Grito sagrado, Buenos Aires 2008; *La virtud del egoísmo*, Grito sagrado, Buenos Aires 2007. *(N. del t.)*

nos especialicemos y lleguemos a ser buenos en algo, y que recurramos a los demás para obtener de ellos el resto de cosas que deseamos. Pero si no nos moviera más que el interés personal, ¿por qué nuestro vecino o un extraño iban a ayudarnos y a suministrarnos aquellos bienes que no podemos conseguir por nuestros propios medios? La respuesta de Smith es sencilla: nuestro vecino nos ayudará si obtiene algo a cambio. El comercio —el ofrecimiento de algo a cambio de la colaboración del vecino— es lo que sirve de fundamento a la división del trabajo y a su capacidad de generar riqueza. Esto es lo que dice Smith sobre la esencia del comercio en *La riqueza de las naciones*:

> Quien propone a otro un trato le está haciendo una de esas proposiciones. Dame lo que necesito y tendrás lo que deseas, es el sentido de cualquier clase de oferta. Y así obtenemos de los demás la mayor parte de los servicios que necesitamos.[5]

Y Smith continúa con una de sus frases más célebres:

> No es la benevolencia del carnicero, del cervecero o del panadero la que nos procura el alimento, sino la consideración de su propio interés. No invocamos sus sentimientos

5 Adam Smith, *La riqueza de las naciones*, trad. C. Rodríguez Braun, Alianza editorial, Madrid 2011. *(N. del t.)*

> humanitarios sino su egoísmo; ni les hablamos de nuestras necesidades, sino de sus ventajas.

Muy poca gente estaría en desacuerdo con este aspecto fundamental de la naturaleza humana, aunque se olvida con facilidad. Muchos estudiantes me enseñan las cartas de presentación con las que acompañan sus solicitudes de empleo y en ellas cuentan exclusivamente cuánto desean trabajar para la compañía XYZ y lo mucho que significaría para ellos entrar a trabajar en ella. Parecen creer que su deseo de trabajar para XYZ es suficiente para que, a cambio, XYZ les quiera dar empleo. Yo siempre animo a los estudiantes a que apelen al egoísmo de quienes pueden darles trabajo, no sólo a sus sentimientos humanitarios, es decir, que descubran alguna razón por la que XYZ obtendría algún beneficio contratándolos. ¿Qué habilidades tiene usted que sean útiles para XYZ? ¿Sabe cuáles son los objetivos de XYZ y qué manera tiene usted de ayudarles a conseguirlos? Recordar que también a los demás les mueve su interés es bastante útil si uno quiere que lo ayuden en algo.

Así es el mercado laboral, una parte bastante mercenaria de nuestras vidas. Ahora bien, se dan muchas situaciones en las que no sólo pensamos en nosotros mismos. La primera frase de *La teoría de los sentimientos morales* ya lo destaca:

> Por más egoísta que se pueda suponer al hombre, existen evidentemente en su naturaleza algunos principios que le hacen interesarse por la suerte de otros, y hacen que la felicidad de éstos le resulte necesaria, aunque no derive de ella nada más que el placer de contemplarla.

Nos interesamos por la suerte de los demás incluso cuando no sacamos partido de ello, pero ¿cuánto? El ejemplo de Smith sobre el terremoto de China parece concordar bastante con una concepción harto egoísta de la naturaleza humana, pero Smith no lo deja ahí. Pregunta: suponga usted que pudiera salvar su meñique dejando morir a unos cuantos millones de chinos. ¿Lo haría? Al fin y al cabo, casi con total certeza usted –como la gran mayoría de seres humanos que conozco que no son ni santos ni ángeles— considera que la pérdida de un dedo perturba más su felicidad y su vida que la muerte de millones de personas en el otro extremo del planeta. Ahora bien, de ser eso cierto, entonces no debería tener inconveniente alguno en dejar que murieran millones de chinos a cambio de salvar su dedo.

Aun así, ninguna persona civilizada —ningún «hombre humanitario», como lo define Smith— se plantearía seriamente la posibilidad de ese intercambio ni por un instante. Smith escribe que la mente se subleva ante la mera posibilidad de imaginar siquiera un trato de ese género:

> Entonces, para prevenir esa mísera desdicha, ¿sería capaz un hombre benévolo de sacrificar las vidas de cien millones de sus hermanos, siempre que no los hubiese visto nunca? La naturaleza humana siente un escalofrío de terror ante la idea y el mundo, en su mayor depravación y corrupción, jamás albergó a un villano tal que fuera capaz de sostenerla.

Hilel, el gran sabio judío del Talmud del siglo I a.C., se preguntaba: «¿Si yo no hago por mí, quién hará por mí? Pero si hago sólo por mí, ¿qué soy?» La respuesta de Smith es que si uno sólo se preocupa por sí mismo, si está dispuesto a conservar su meñique condenando a la muerte a millones de personas, entonces es un monstruo de proporciones inhumanas.

Hemos llegado aquí al segundo paso en la comprensión de uno mismo. Sí, nuestro interés personal está profundamente arraigado, pero por alguna razón no siempre actuamos de acuerdo con él. Smith se pregunta cómo reconciliamos nuestros sentimientos con nuestras acciones:

> Pero, ¿cuál es la diferencia? Cuando nuestros sentimientos pasivos son casi siempre tan sórdidos y egoístas, ¿cómo pueden ser nuestros principios activos frecuentemente tan nobles y desinteresados? Cuando estamos invariablemente afectados mucho más íntimamente por lo que nos pasa que por lo que pasa a los demás, ¿qué es lo que impele a los generosos

> siempre y a los mezquinos muchas veces a sacrificar sus propios intereses a los intereses más importantes de otros?

Dado nuestro egoísmo, ¿por qué a menudo actuamos de manera abnegada y sacrificamos nuestro bienestar por ayudar a los demás?

Cabría responder que porque somos inherentemente bondadosos y decentes y estamos llenos de eso que Smith llama benevolencia o lo que hoy en día llamaríamos compasión. Somos altruistas: nos preocupamos por los demás y detestamos verles sufrir. Sin embargo, Smith nos recuerda que la pérdida de un dedo nos angustia más que la muerte de millones de seres humanos. Smith rechaza la idea de que sean la benevolencia o la compasión las que eviten que antepongamos egoístamente nuestro pequeño sufrimiento a la desesperación de millones de personas:

> No es el apagado poder del humanitarismo, no es el tenue destello de la benevolencia que la naturaleza ha encendido en el corazón humano lo que es así capaz de contrarrestar los impulsos más poderosos del amor propio.

Por tanto, si los stocks de «leche de la bondad humana»[6] se encuentran en unos niveles tan mínimos, ¿por qué no

6 «The milk of human kindness», cita del acto 1, escena 5 del *Macbeth* de William Shakespeare. *(N. del t.)*

somos más descaradamente egoístas y más despreciables? Smith responde a esto que lo que impulsa nuestro comportamiento es la interacción imaginaria con lo que él denomina «el espectador imparcial»: una figura imaginaria, ecuánime y objetiva, con la que conversamos en algún sentido virtual, y que es perfectamente consciente de la moralidad de nuestras acciones. Respondemos ante esta figura cuando sopesamos qué es lo moral y lo correcto.

Este espectador imparcial recuerda mucho a nuestra conciencia, pero la aportación de Smith radica en dónde sitúa su origen. Smith no apela a nuestros valores, ni a la religión, ni a ninguno de los principios que pudieran conformar nuestra conciencia para generar sentimientos de culpa o vergüenza cuando cometemos una mala acción. Más bien al contrario: Smith afirma que no es a Dios a quien nos imaginamos juzgándonos, ni tampoco a nuestros principios, sino a otro ser humano que nos acompaña y nos mira por encima del hombro:

> Es la razón, el principio, la conciencia, el habitante del pecho, el hombre interior, el ilustre juez y árbitro de nuestra conducta. Él es quien, cuando estamos a punto de obrar de tal modo que afecte la felicidad de otros, nos advierte con una voz capaz de helar la más presuntuosa de nuestras pasiones que no somos más que uno en la muchedum-

> bre y en nada mejor que ningún otro de sus integrantes, y que cuando nos preferimos a nosotros mismos antes que a otros, tan vergonzosa y ciegamente, nos transformamos en objetivos adecuados del resentimiento, el aborrecimiento y la execración.

Según Smith, el espectador imparcial se dirige a nosotros con la voz de la humildad, que nos recuerda lo pequeños que somos y lo grande que es el mundo:

> Sólo por él conocemos nuestra verdadera pequeñez y la de lo que nos rodea, y las confusiones naturales del amor propio sólo pueden ser corregidas por la mirada de este espectador imparcial. Él es quien nos indica la corrección de la liberalidad y la deformidad de la injusticia, la propiedad de renunciar a los mayores intereses propios en aras de los intereses aún más relevantes de los demás, y la monstruosidad de perpetrar el quebranto más pequeño a otra persona con objeto de cosechar el máximo beneficio para nosotros mismos.

En el fondo de nuestro corazón, sabemos que esto es verdad. Sabemos que somos una menudencia en comparación con el resto del mundo, pero la mayoría del tiempo —casi siempre— nos sentimos como si fuéramos el centro del universo. Llamémosle la «Regla de Hierro del Yo». Usted piensa más en sí mismo que en mí, pero hay un corolario a *su* Regla de Hierro del Yo, *mi* Regla de Hierro del Yo. Yo pienso más en mí mismo que en usted. Así es como funciona el mundo.

¿Alguna vez ha enviado un correo electrónico a alguien pidiendo un favor y él o ella no le han contestado? Es fácil olvidarse de que el receptor —como también posiblemente usted mismo— recibe demasiados correos para responder sin demora. Su correo significa para usted mucho más que para la persona cuya ayuda solicita. No se lo tome como algo personal. Cuando no recibo respuesta de alguien, doy por supuesto que esa persona ni siquiera recibió mi correo. Lo vuelvo a enviar unos días más tarde sin mencionar —o quejarme de— que ya lo había mandado días atrás.

Una vez hice llegar un ejemplar de uno de mis libros a Tony Snow, quien por aquel entonces era columnista de *USA Today*. Al no recibir respuesta, di por hecho que no estaba interesado en escribir una reseña sobre él. Un día, tiempo después, me encontraba casualmente cerca de su oficina y me acerqué a saludarlo. Cuando llegué, me enfrenté a *su* Regla de Hierro del Yo. Las estanterías que cubrían las paredes de su oficina del suelo al techo estaban repletas de libros. Aún había más libros apilados sobre las mesas y más pilas de libros en el suelo que llegaban hasta la altura de los ojos: libros y libros por todas partes. Libros que gente como yo le había mandado con la esperanza de que los mencionara en alguna de sus columnas. Ni siquiera sabría decir si mi libro se encontraba entre ellos o no. Puede que jamás lo hubiera recibido; o si le llegó, quizá no pensó en él más que un instante antes de dejarlo en una de esas pilas de libros. Me había olvidado de *su* Regla de Hierro del Yo y había supuesto que mi libro le llegaría y estaría en el centro de una mesa limpia y despejada, esperando a ser leído, pero la realidad me estaba mostrando que mi libro se parecía más a esa arca que introducen en un almacén del gobierno al final de *En busca del arca perdida*.

El espectador imparcial nos muestra que no somos el centro del universo. Recordarnos que no somos más importantes que los demás nos ayuda a interactuar amablemente con ellos. El espectador imparcial es la voz en nuestro interior que nos hace conscientes de que actuar sólo por nuestro interés personal es grotesco y que pensar en los demás es honorable y noble; es esa voz que nos recuerda que si perjudicamos a los demás para obtener algún beneficio, cualquiera que nos observe imparcialmente se sentirá indignado con nosotros y nos profesará aversión y rechazo. Quien sólo se preocupa por sí mismo ofrece un espectáculo lamentable.

Smith rechaza la idea de que obramos bien porque somos compasivos o porque los demás nos importan de alguna manera abstracta:

> Lo que nos incita a la práctica de esas virtudes divinas no es el amor al prójimo, no es el amor a la humanidad. Lo que aparece en tales ocasiones es un amor más fuerte, un afecto más poderoso: el amor a lo honorable y noble, a la grandeza, la dignidad y eminencia de nuestras personalidades.

El amor propio nos es connatural. ¿El amor al prójimo? Eso ya es más peliagudo. Lo que dice Smith es que si bien no podemos amar a nuestro prójimo como a nosotros mismos, a veces sí podemos actuar como si fuera así. Ahora bien, las acciones generosas de las que somos capaces no están impulsadas por el mismo sentimiento que nos empuja a protegernos a nosotros mismos y a evitar el dolor y el sufrimiento. Lo que nos incita a preocuparnos por nuestro prójimo es el deseo de actuar de forma honorable y noble, a fin de cumplir con lo que imaginamos que es el criterio de actuación que habría establecido un espectador imparcial.

Un día un amigo y yo estuvimos hablando sobre Dios y la moral: ¿creer en Dios reduce las posibilidades de cometer un delito o un pecado? ¿Qué pasaría si uno supiera que no corre el riesgo de que le pillen, si estuviera seguro de que puede cometer una fechoría sin que tenga consecuencias para él? A primera vista, si no hay nadie mirando, robar o pecar es racional. Mi amigo sonrió y dijo que el fundamento mismo de la idea de Dios es que Él siempre está mirando.

¡Lo que Smith pretende destacar es que *usted* siempre está mirando! Incluso cuando está a solas y no hay la más mínima posibilidad de que le pillen, incluso si nadie se ha dado cuenta de que está robando, usted sí lo sabe. Y mientras uno se plantea cometer el delito, se imagina cómo otra persona, un espectador imparcial de su crimen, reaccionaría ante nuestra flaqueza moral. Salimos de nosotros mismos y observamos nuestras acciones a través de los ojos de otro.

En el musical *Los Miserables*, Jean Valjean es un fugitivo en busca y captura. Un sosia de Valjean es arrestado y condenado en su lugar a estar encerrado en prisión durante una larga temporada. Es un extraordinario golpe de suerte para Valjean: por fin será libre. Tentado por la idea de dejar que un inocente sufra por su culpa, Valjean formula la pregunta de Hilel, que es también la de Smith. ¿Quién soy? Me preocupo por mí mismo, eso es evidente, pero ¿sólo por mí mismo? En la canción «¿Quién soy yo?», Valjean lucha contra su interés personal: puede ser libre, pero sólo si condena a otra persona a la cárcel. Ese egoísmo sería completamente racional: es preferible estar en libertad que en prisión. No obstante, Valjean rechaza ese cálculo. ¿Cómo podría a mirar a la cara a sus semejantes si actuara así? ¿Cómo podría mirarse a la cara a sí mismo? Sólo si se entrega puede reivindicar al Jean Valjean que desea ser.

Padecer un sufrimiento para salvar a otra persona parece un acto irracional, pero lo que está diciendo Smith es que la clase de cálculos que hace buena parte de la ciencia económica contemporánea, atendiendo sólo a los costes materiales y a los beneficios, es un cálculo defectuoso. Es perfectamente racional dejar propina en un restaurante aunque uno no vaya a volver nunca, hacer donaciones anónimas a obras benéficas, donar sangre sin esperar necesitarla en el futuro, e incluso donar un riñón sin recibir nada a cambio. La gente que hace esa clase de cosas las hace gustosamente.

Existe un largo debate en psicología y filosofía acerca de si nuestros juicios morales son innatos o adquiridos. Muchos psicólogos y filósofos argumentan que nuestro cerebro es una especie de hoja en blanco y que todo lo que hay en él procede de condicionantes culturales. La moral es completamente relativa: depende de donde haya nacido uno y de cómo haya sido criado. En un libro reciente sobre psicología moral, *The Righteous Mind,*[7] el psicólogo social Jonathan Haidt sostiene que cada vez hay más pruebas que apuntan a que la moral es algo más que un mero

---

7 Jonathan Haidt, *The Righteous Mind: Why Good People Are Divided by Politics and Religion,* Knopf Doubleday Publishing Group, Nueva York, 2013. *(N. del t.)*

conjunto de sentimientos condicionados por la cultura. Si bien Smith no analiza la cuestión en estos términos, el marco general de su obra parecería apoyar la idea de que los sentimientos morales son innatos. Smith considera que el deseo de aprobación por parte de quienes nos rodean está arraigado en nuestro interior y que nuestros criterios morales surgen de nuestra experiencia de ser aceptados o rechazados por los demás. A medida que experimentamos esas respuestas, nos vamos creando la imagen de un espectador imparcial que nos juzga.

Sea cierto o no que todo comportamiento honrado se debe a la concepción en un plano imaginario de un espectador imparcial que observa y juzga, lo cierto es que esta idea nos suministra una herramienta poderosa para la mejora personal. Imaginarnos a un espectador imparcial nos anima a salir de nosotros mismos y vernos como nos ven los demás. Se trata de un ejercicio valiente y la mayoría de nosotros nos pasamos la vida intentando evitarlo o realizándolo de manera muy pobre. Ahora bien, si uno logra hacerlo y lo hace bien, si es capaz de sobrevolar la escena y observar cómo se maneja en ella, estará listo para comenzar a saber quién es y cómo podría ser mejor. Salir de uno mismo es dar una oportunidad a eso que a menudo se llama *conciencia*: el arte de prestar atención, en lugar de pasarnos la vida a la deriva y completamente ajenos a nuestros defectos y vicios.

A todos nos gusta pensar que somos buena gente. Incluso los asesinos suelen tener un alto concepto de sí mismos y explicar por qué sus actos estaban justificados, pero si usted realmente pretende ser una buena persona —y no sólo hacerse pasar por una ante sí mismo—, tiene que saber con qué se enfrenta. Se enfrenta a *su* Regla de Hierro del Yo: su inevitable egocentrismo, que no sólo quiere anteponerle a todos los demás, sino también hacerle creer que es una buena persona incluso cuando no lo es. El hecho de pensar en el espectador imparcial —un observador ecuánime sobre quien las circunstancias no ejercen presión— no sólo puede hacerle mejor persona, sino también un compañero de trabajo más eficaz, un amigo mejor y un cónyuge más atento.

Detengámonos un momento en la relación más básica entre seres humanos: la conversación. Todos conocemos a personas que hablan demasiado de sí mismas, que acaparan la conversación y que no dejan intervenir al resto. Cuesta más darse cuenta de que a veces esa persona es uno mismo. Nos gusta hablar de nosotros. Nos gusta proclamar nuestros puntos de vista. ¡Tenemos tanto que aportar! ¿Cuántas veces responde usted a una pregunta en una conversación y está a la espera de que le formulen otra en lugar de preguntar a su interlocutor qué es lo que piensa? ¿Cuántas veces escucha para comprender al otro en lugar de esperar a que acabe de hablar para exponer su propio punto de vista o cambiar de tema? ¿Cómo juzgaría un espectador imaginario su actitud conversando? Imaginarse a un espectador imparcial puede ayudar a que sus conversaciones se conviertan más en un baile y menos en una competición, un diálogo en lugar de un monólogo por turnos.

Cuando empecé a colgar *podcast* en 2006, entrevistando a invitados todas las semanas, solía hablar más de lo que lo hago ahora. Hacía comentarios sobre las opiniones de mis invitados y apostillas después de prácticamente todas las respuestas. Eh, soy el anfitrión, me decía a mí mismo: la gente quiere saber lo que pienso y además tengo muchísimo que aportar, ¿no? Quizá. A veces, pero no siempre. Me hacía falta un espectador imparcial que me diera un toque de atención; en alguna ocasión algún oyente de carne y hueso se quejaba de que hablaba demasiado. Salí fuera de mí mismo y me di cuenta de que los oyentes tenían razón. El programa mejoró cuando dejé más espacio a mis invitados y les permití llevar la mayor parte de la conversación.

Considere, por ejemplo, cómo reacciona usted ante los desaires y las pequeñas injusticias. A veces nos afanamos en dar satisfacción a sentimientos de ira, resentimiento o injusticia originados por nimiedades que sería mejor ignorar. Smith nos alienta a vernos desde fuera y preguntarnos si alguien que estuviera observando pensaría que somos más unos lloricas que unos paladines de la justicia. En vez de poner a cien nuestros sentimientos de indignación, Smith nos está indicando un modo de encontrar serenidad. Más sonrisas y menos llanto.

El otro día mi esposa y yo íbamos en el coche cuando le dije que había cambiado una cita para que ella y yo pudiéramos estar juntos. Pues va a ser que no, me dijo ella... ¿Es que no había leído el correo electrónico que me había enviado? La nueva cita coincidía con un compromiso de uno de nuestros hijos. *Había* leído el correo electrónico, pero lo había olvidado al cambiar la cita. Me sentí como un imbécil. No lo convirtamos en un problema, dijo mi esposa. Basta con volver a cambiar la cita, no hay que darle más vueltas.

Pero yo sentía que sí había que dárselas. Me avergonzaba tener que volver a cambiar la cita de nuevo. Mi voz comenzó a subir de volumen. En mi afán por hacer que mi esposa entendiera lo mala idea que me parecía volver a cambiar la cita, reaccioné de forma exagerada. Cinco minutos más tarde, pensé en el espectador imparcial. Vi la situación desde fuera. Había tratado pésimamente a mi mujer; le había hablado con ira cuando en realidad estaba enfadado —y avergonzado— conmigo mismo por haber olvidado el correo electrónico. Le pedí disculpas.

Ojalá hubiera pensado un poco antes en el espectador imparcial. De ningún modo me hubiera enojado tanto si hubiera habido un espectador real de la situación, por ejemplo, un amigo sentado en el asiento de atrás. Un espectador real habría apaciguado mi rabia. En lugar de ponerme a la defensiva, hubiera preguntado si era posible solucionar lo del compromiso de mi hijo sin tener que reacomodar de nuevo la cita, que fue lo que terminamos haciendo.

Quizá usted tenga a algún empleado que le corta el césped o le limpia la casa, o quizá haya encargado a alguien que le arregle un electrodoméstico averiado; o quizá sea un directivo al que sus subordinados han de tenerle informado. No es fácil tratar a la gente del modo en que quieren que se les trate: usted está muy ocupado, tiene muchísimas responsabilidades, pero le gusta pensar que la gente con la que trabaja le concederá el beneficio de la duda si se comporta de forma grosera o con escasa consideración. ¿Un espectador imparcial le vería como un jefe amable y atento o como alguien muy alejado de ese ideal?

Si usted pretende mejorar en lo que hace, si desea mejorar en esto que se llama vida, tiene que prestar atención. Cuando estamos atentos, recordamos lo que realmente importa, lo que es real y perdura frente a lo que es falso y efímero. Pensar en un espectador imparcial puede ayudarle a conocerse a sí mismo y ayudar a que se convierta en mejor jefe, mejor cónyuge, mejor pariente y mejor amigo. Pensar en un espectador imparcial puede ayudarle a relacionarse con espectadores reales como la vida misma y a cambiar lo que piensen de usted. Eso es bueno, pero Smith afirma que eso es algo más que un grato beneficio secundario fruto de estar atentos al modo en que se percibe nuestro comportamiento. Es algo que realmente nos puede conducir a la serenidad, la tranquilidad y la felicidad.

Capítulo 3
Cómo ser felices

Imagine usted que tiene diecinueve años y que sueña con ser músico. Entretanto es un estudiante de segundo curso en la Universidad de Stanford. Convertirse en un músico de éxito parece una apuesta a largo plazo y un título universitario en Stanford es una buena póliza de seguros. Su padre, un hombre muy rico, le dice que le va a entregar su parte de la herencia ahora, ya que es cuando le va a resultar más útil. Es un regalo de poca entidad, habida cuenta de la fortuna de su padre, pero para usted se trata de mucho dinero: un paquete de acciones en la compañía de su padre por valor de noventa mil dólares. Le dice que en el futuro no espere más dinero de él. Esto es lo que hay.

Usted puede vender las acciones y embarcarse en su carrera musical; o puede emprender una trayectoria profesional más segura y conservar las acciones. Su carrera musical puede prosperar o ser un fracaso. El valor de las acciones puede subir como un cohete o caer en picado. ¿Qué hacer? La elección es difícil, pero eliminemos las incertidumbres: he visto el futuro y, si vende el stock para financiar su carrera musical, la apuesta habrá merecido la pena. Va a conseguir su sueño: se convertirá en un músico de éxito. No tanto como Louis Armstrong o Mozart, pero tendrá éxito como compositor para televisión y cine. Su nombre no será muy conocido pero conseguirá el respeto de sus compañeros de profesión. Nunca será un artista muerto de hambre y se ganará bien la vida. Ese es uno de los caminos posibles y, por lo visto, bastante bueno.

El otro camino pasa por aparcar su sueño de convertirse en músico profesional, seguir en la universidad y conservar las acciones. Con una titulación en Stanford tendrá posibilidad de desarrollar una buena carrera profesional, aunque no la que soñaba. Conservará las acciones a modo de inversión. A las acciones les va a ir bien. Muy bien. Para ponerle más interés a la historia, digamos que, si no vende los noventa mil dólares en acciones que su padre le entregó cuando usted tenía diecinueve años, se convertirán en cien millones de dólares al cabo de los próximos treinta y cinco años. El nivel de vida del que va a poder gozar hará que el dinero que hubiera podido ganar como músico parezca una miseria.

¿Cuál de los dos caminos cabe suponer que le va a hacer más feliz? ¿Tratará de hacer realidad su sueño o irá detrás de poseer una fortuna? ¿Cuánto está dispuesto a sacrificar a cambio de hacer realidad sus sueños? Si quiere sacarle el máximo partido a la vida, ¿por qué camino va a optar? Quizá su auténtica pasión no sea la música, así que piense en su propio sueño. ¿Qué le aportaría tanto placer que pudiera ser mejor que ser tremendamente rico? A lo mejor no se le ocurre nada. Quizá el dinero le resulte a usted tan atractivo que estaría encantado de mandar a paseo la profesión de sus sueños a cambio de una vida de lujo increíble.

En la vida, la mayoría de las elecciones no son tan radicales y tampoco la mayoría de nosotros nos parecemos en nada al hijo de Warren Buffett, el gran inversor cuya compañía, Berkshire Hathaway, multiplicó realmente por mil el valor de sus acciones a lo largo de los últimos treinta y cinco años.

El hijo de Warren, Peter Buffett decidió probar suerte como músico: abandonó Stanford con diecinueve años, vendió las acciones que su padre le había entregado y le pidió a este que le ayudara a planificarse y administrarse a fin de que los noventa mil dólares le durarán el mayor tiempo posible. Pasaron cuatro años. Peter Buffett iba tirando: vivía en un apartamento pequeño y conducía un coche destartalado, intentando —la mayoría de las veces sin éxito— conseguir encargos retribuidos en la industria musical. Hasta que llegó su oportunidad: un vecino le presentó a alguien que necesitaba una sintonía para la publicidad de un nuevo canal de televisión por cable llamado MTV. Una cosa llevó a otra y la carrera musical de Peter Buffett se convirtió en un éxito, lo cual es toda una hazaña. Ha escrito canciones para películas y series de televisión y obtuvo un Emmy por la banda sonora de un documental para televisión. Ha dado sentido pleno a su vida haciendo lo que le gustaba.

¿Cree usted que eligió bien?

Quizá a usted le resulte fácil responder a esta pregunta. O quizá no. Como veremos en el capítulo 5, Adam Smith no fue precisamente un apologista de la búsqueda de la fama y la riqueza. Su punto de vista acerca de qué queremos realmente, qué nos hace realmente felices, llega a la esencia de la cuestión. Para ello sólo necesita doce palabras:

> El ser humano desea naturalmente no sólo ser amado, sino ser amable.

Hay dos razones por las que la sencillez de esta frase resulta engañosa. La primera de ellas es que Smith utiliza las palabras en un sentido un tanto diferente al nuestro, de modo que la comprensión de la frase exige esforzarse un poco.[8] En segundo lugar, Smith concentra mucha intensidad en estas doce palabras.

La primera parte de esta síntesis de los deseos humanos —que las personas quieren ser amadas— parece bastante simple, aunque Smith no se sirva de la palabra *amado* con el sentido que le damos hoy en día, vinculado a las relaciones sentimentales y a la familia, sino que la emplea en un sentido más amplio: quiere decir que queremos gustar a la gente, que ésta nos respete y le importemos. Queremos ser apreciados, deseados, elogiados y valorados. Queremos que la gente nos preste atención y que lo haga en serio. Queremos que deseen estar a nuestro lado y que disfruten con nuestra compañía.

Hay personas que presumen de que no les importa lo que los demás piensen de ellos, pero a menudo no se trata más que de una pose, una forma de protegerse de la posibilidad de no ser amados, ni respetados, ni apreciados. Muchas veces la gente a la que parece no importarle lo que piensen de ella es precisamente la que más desesperadamente anhela la aprobación de los demás. La mayoría de la gente desea que la quieran y esto es natural, como dice Smith, forma parte de nuestra esencia. Aún

8 En la versión castellana de *La teoría de los sentimientos morales,* Rodríguez Braun traduce —de forma un tanto literal pero no desprovista de criterio— el adjetivo *lovely* y el sustantivo *loveliness* por 'amable' y 'amabilidad'. Aquí, salvo en pasajes como éste, las hemos traducido preferentemente por 'ser estimable' o 'ser digno de estima'. La frase en inglés es: "Man naturally desires, not only to be loved, but to be lovely". *(N. del t.)*

más, Smith afirma: «La parte principal de la felicidad humana estriba en la conciencia de ser querido».

Smith también lo expresa así, poniendo énfasis no sólo en ser querido, sino en merecer ser querido, en lograr el mérito de que a uno lo quieran:

> ¿Qué mayor felicidad hay que la de ser amado, y saber que lo merecemos? ¿Qué mayor desgracia que la de ser odiado, y saber que lo merecemos?

Cuando Smith se pregunta por qué somos reacios a hacer cosas moralmente reprobables, recurre al espectador imparcial: la idea de que un observador objetivo nos pone en tela de juicio. En este pasaje, referido a la felicidad, Smith recurre en cambio a espectadores reales, los que forman parte de nuestro círculo de amistades y más allá de éste, que realmente nos juzgan. Smith afirma que somos felices cuando un jurado compuesto por nuestros iguales nos quiere por lo que hacemos y por quienes somos.

Uno puede protestar contra las afirmaciones de Smith y aducir que desde el punto de vista moral no parece muy saludable que la motivación de nuestros actos provenga de algo como la aprobación externa, pero Smith no sostiene que nuestra meta en la vida sea impresionar a la gente que nos rodea para poder llegar a ser felices. Esa es la forma errónea de ser querido. Para Smith ser amado es la consecuencia natural de ser «amable». ¿Qué quiere decir Smith con ser «amable»?

En el lenguaje de hoy en día,[9] querible significa ser atractivo a la vista o satisfactorio, como por ejemplo «un rostro querible» o «una persona querible», pero cuando Smith afirma que queremos ser amados, significa ser dignos de amor. Actualmente el término *amable* sería insuficiente para recoger este sentido, pues el campo semántico de esta palabra no recoge plenamente lo que Smith tiene en mente. Él dice que queremos que se den cuenta de que tenemos integridad, honestidad, buenos principios. Queremos ganarnos el respeto, la alabanza, la atención y hacernos un buen nombre —una buena reputación— con honradez. Queremos ser dignos de estima. Queremos que el amor que nos profesen los demás sea auténtico en el sentido de que no queremos que sea una baratija. Smith sostiene que nos preocupamos por nuestra reputación —por cómo nos ven los demás— y nos preocupamos de obtener esa reputación de manera honrada, ya que refleja lo que en realidad somos.

Aquí se encuentra la quintaesencia de las ideas de Smith sobre ser estimado y ser digno de estima:

---

9 En inglés contemporáneo y aquí concretamente, estos términos significan algo más próximo a 'hermoso' o 'dotado de encanto', por lo que en este pasaje nos hemos decidido por emplear «querible». *(N. del t.)*

> El ser humano desea naturalmente no sólo ser amado sino ser digno de ser amado, es decir, ser lo que resulta un objeto natural y apropiado para el amor. Naturalmente, teme no sólo ser odiado, sino ser odiable, es decir, ser lo que resulta un objeto natural y apropiado para el odio. No sólo desea la alabanza, sino el ser loable, o ser un objetivo natural y adecuado para el encomio, aunque en la práctica nadie lo alabe. No sólo le espanta el reproche, sino el ser merecedor de reproche, o ser un objetivo natural y adecuado para el reproche, aunque en la práctica nadie le reproche nada.

Cuando nos ganamos honestamente la admiración de los demás por ser respetables, honorables, no reprochables, generosos y amables, el resultado final es la verdadera felicidad.

Ser amados es un fin en sí mismo. Piense usted en el matrimonio: quiere ser un buen cónyuge y no porque eso signifique que su pareja le vaya a tratar mejor. Quiere ser un buen cónyuge porque es lo correcto. Ser estimable no es una inversión que busque un beneficio a cambio. Por eso, un buen matrimonio no consiste en ir anotando tantos en un marcador: hice esto por ti, así que me debes una. Fui a hacer la compra, así que te toca llevar a los niños al partido. Cuando estabas estresada, me porté bien contigo, por lo que ahora que soy yo el estresado, tienes que portarte bien conmigo. Vamos cuatro a uno, así que te faltan tres tareas para empatarme. He salido dos veces con tus amigos, así que las próximas dos salidas vamos con los míos.

Si usted, como esposo o esposa, piensa en sus acciones como inversiones o las analiza en términos de coste y ganancia, no es el amor lo que mantiene su matrimonio. Lo que lo mantiene es una especie de acuerdo de beneficio mutuo, que es lo mismo que se tiene con el carnicero o el panadero, pero, en lo que a mí respecta, yo no quiero tener esa clase de acuerdo con mi mujer. En un buen matrimonio se obtiene placer de ayudar al otro por la sencilla razón de que esa es la clase de pareja que quieres ser: un cónyuge digno de estima. Eso es mucho mejor que entablar una competición a ver quién se lleva la tajada más grande. Mi matrimonio no es perfecto; ninguno lo es, pero cada vez que me enfrento a los retos que conlleva todo matrimonio, aprendo el valor de dar más, no menos. Intento ser más digno de estima.

Se logra el ideal de Smith cuando nuestro yo interno se refleja en nuestro yo externo. Smith entendió a la perfección que, muy a menudo, nos quedamos cortos y no llegamos a cumplirlo. Durante varios años, el asesor financiero Bernie Madoff estuvo considerado por la gente como un genio de las finanzas cuya sagacidad y perspicacia le permitían obtener —contra todo pronóstico— pingües beneficios para los inversores que confiaban en él. Esos beneficios parecían seguros y seguían siendo seguros siempre y cuando se encontraran nuevos inversores que alimentaran su esquema Ponzi.[10] Madoff era querido —reverenciado, cabría decir— porque la gente consideraba que tenía una especie de don mágico para las inversiones. Pero Madoff sabía que era un fraude, sabía que no era digno de ese amor. Sus ganancias y expectativas de beneficios no procedían de su habilidad y maña con las inversiones, sino de su habilidad y su maña para el engaño.

En el otro extremo tenemos a Warren Buffet, el padre de Peter, «el sabio de Omaha», un hombre que realmente parece dotado de buen criterio, y que es capaz de convertir una inversión de noventa mil dólares en cien millones de dólares. Lo que nos quiere decir Smith es que, incluso antes de que se descubriera que Madoff operaba según un esquema Ponzi, Buffett dormía mejor que aquél y no porque no tuviera que preocuparse por descubrir nuevos inversores, como hacía Madoff para mantener su fraude a cubierto, sino por la desconexión que se daba entre reputación y realidad en el caso de este último. Smith da a entender que antes de su entrada en prisión Madoff no era un hombre feliz, y no por temor a ser descubier-

10 Carlo Ponzi (1882-1949), célebre estafador italiano que, en la década de 1920, organizó un esquema fraudulento de inversión en el que las ganancias que obtenían los primeros inversores provenían de las inversiones de los inversores posteriores, lo que fue bautizado posteriormente como «esquema Ponzi». *(N. del t.)*

to, sino porque a sus ojos todo estaba ya al descubierto: él era un tahúr y lo sabía, aun cuando nadie más fuera consciente de ello. Según dicen, Madoff dio muestras de alivio cuando fue arrestado.

Pensemos, por ejemplo, en Lance Armstrong, que negaba vehementemente haberse dopado. Año tras año sus partidarios defendían la reputación del ciclista, mientras que el propio Armstrong sabía que lo que estaban defendiendo era una mentira. Durante bastante tiempo fue muy querido, pero no era digno de ese amor y eso tuvo que privarle de buena parte del placer por tantas muestras de cariño. Existía un cortocircuito entre su reputación y su realidad y, de nuevo, no sólo porque pudiera preocuparle ser descubierto, sino porque su imagen pública era una mentira y chocaba con lo que él sabía que era la verdad.

Smith se percató de que somos capaces de engañarnos a nosotros mismos racionalizando o ignorando nuestras imperfecciones y nuestra incapacidad para ser dignos de estima. En el capítulo siguiente analizaremos el autoengaño y los retos que plantea la conciencia de uno mismo. Lo ideal es ser amados y ser realmente dignos de ese amor, no imaginarse que lo somos.

Autenticidad es una palabra moderna que sirve para entender aquello a lo que se refiere Smith cuando habla de ser estimado y de ser estimable. Queremos ser «de verdad» y queremos que lo que piense de nosotros la gente que nos rodea sea también «de verdad». No son «de verdad» el respeto, el amor o la consideración inmerecidos. Alguien a quien se considera estimable, pero no lo es, vive en una mentira.

Según Smith, deberíamos sentirnos molestos en caso de recibir un halago que no merecemos. El halago hace que nos sintamos bien, pero si sabemos que es inmerecido impide que podamos disfrutarlo. ¿Por qué? Es como si el que recibiera los elogios fuera una persona distinta a nosotros:

> La persona que nos aplaude por acciones que no realizamos o por motivaciones que nunca influyeron sobre nuestra conducta no nos aplaude a nosotros, sino a algún otro. No podemos derivar de sus elogios satisfacción alguna.

A continuación Smith añade una perspicaz observación para explicar de dónde surge nuestro malestar. No se trata sólo de la falsedad del cumplido, sino de que éste nos recuerda cómo deberíamos haber actuado:

> Nos resultarán más humillantes que ninguna censura y permanentemente evocarán en nuestras mentes la más bochornosa de todas las reflexiones: la consideración acerca de lo que deberíamos ser y no somos.

Por tanto, en caso de que alguien me alabe por mi generosidad al participar como voluntario en un proyecto comunitario del que realmente no formé parte, no sucede sólo que la alabanza sea inapropiada, sino que se convierte en un recordatorio de que perdí la oportunidad de ser generoso. Una alabanza inmerecida es una reprimenda: un toque de atención sobre algo que podía haber hecho y no hice.

Por supuesto que hay gente que ignora encantada esa reprimenda y disfruta con lo que Smith llama «aplauso inmerecido»; o peor aún, hay quienes, como Armstrong o Madoff, intentan crearla de manera deshonesta:

> El mentiroso insensato, que trata de excitar la admiración del grupo refiriendo aventuras que jamás sucedieron; el petimetre jactancioso, que se da aires de rango y distinción que sabe perfectamente que no le corresponden en justicia; quedan ambos indudablemente complacidos con el aplauso que en su fantasía creen que provocan.

La reacción de Smith ante aquellos que ceden ante este impulso es mordaz:

> Sólo los hombres más endebles y superficiales pueden deleitarse mucho con el encomio que ellos saben que carece de todo mérito. Un mentecato puede alguna vez compla-

> cerse por ello, pero un sabio lo rechazará en todas las circunstancias.

Ser estimado sin ser digno de ello —como ser loado sin ser merecedor de halagos— es una tentación para el débil e insensato, no para el sabio. Smith nos anima a que nos esforcemos en procurar una armonía entre nuestro yo interno y el externo. De vez en cuando es posible que nos tiente ser amados sin ser realmente dignos de ello. El sabio, asegura Smith, es el que aparta esa tentación.

Smith entiende por «aplauso inmerecido» el que, sin más, proviene de un error: mis admiradores piensan que soy algo que no soy. Yo me conozco bien, así que lo ideal es corregir ese error. Sin embargo, hay también otra clase de falsa alabanza que puede resultar tentadora: la adulación. Algunos halagos son sólo una forma de entretenimiento social, como cuando le devolvemos un cumplido a alguien; pero hay una forma de adulación que asume la forma de la alabanza falsa, que persigue otros fines y que bien podría recibir el apelativo de adulación estratégica. Smith explica los mecanismos que convierten la adulación en algo tan seductor. En palabras de Smith, la adulación estratégica es un intento por parte de alguien de hacerme sentirme más querido de lo que merezco porque el adulador espera obtener algo a cambio.

A un amigo le ofrecieron una vez un trabajo como alto

ejecutivo de una importante fundación dedicada al cuidado de la salud que otorga subvenciones por valor de millones de dólares. Cuando aceptó el puesto, un amigo suyo le dijo: «¡Felicidades! Nunca más volverás a pagar una cena y nunca volverás a recibir un elogio sincero». No creo que dijera del todo en serio lo de que no recibiría nunca más un elogio sincero, sino que más bien se refería a que no iba a resultarle fácil discriminar los elogios sinceros por los muchos falsos elogios que iban a hacerle para complacer su deseo de ser querido. La adulación estratégica es un falso amor. La adulación puede hacer que se sienta querido quien no lo merece.

Siempre me siento un tanto incómodo cuando termina el curso y los alumnos me dicen lo mucho que les han gustado mis clases. Algunos, quizá todos, lo dicen en serio, pero lo que me sorprende es cuántos lo dicen antes de la corrección del examen en comparación con cuántos lo dicen después. Me gusta pensar que simplemente se debe a que es más fácil encontrarme en la facultad el día siguiente al examen que un mes después. Sin embargo, en parte —sin que pueda determinar cuánto—, se debe también a que los alumnos, quizá de modo inconsciente, se figuran que si me hacen el regalo de su amor yo, de alguna manera, me sentiré en deuda con ellos.

Un amigo mío estuvo dirigiendo una empresa durante muchos años. Con el paso del tiempo se cansó, por lo que decidió cambiar de profesión y hacer algo distinto, así que planificó una temporada de transición para facilitarle las cosas a su sucesor en el cargo de director. Después de esa temporada de transición, quedó con el nuevo director para tomar un café y le preguntó si le iba bien y si estaba disfrutando con su cargo de jefe. Su sucesor le dijo que todo iba bien, pero que había una cosa que le molestaba: le daba la sensación de que ahora sus bromas eran más divertidas. Ahora que salían de boca del director, sus comentarios humorísticos —que antes provocaban risas moderadas en las reuniones semanales— generaban sonoras carcajadas. Su corazón quería creer que se había vuelto más ingenioso desde que desempeñaba ese cargo, pero su cabeza le decía otra cosa.

Tanto nos complace ser estimables que, a veces, nos creemos que hemos hecho realmente lo que nuestros amigos pensaban que habíamos hecho y que lo que nos ha movido realmente han sido esas motivaciones justas que ellos nos atribuyen. Un jefe puede engañarse a sí mismo y pensar que sus bromas son más divertidas desde que es jefe. Es fácil que yo me crea que mis clases son fabulosas, incluso después de puestas las calificaciones, cuando los alumnos ya no se vuelven a dirigir al profesor. Mi amigo el de la fundación que maneja subvenciones por valor de millones de dólares puede pensar que sus decisiones sobre el presupuesto no tienen nada que ver con que la gente le pregunte continuamente si ha adelgazado («¡Estás estupendo!»). La adulación estratégica funciona porque nos encanta creer que esos halagos son verdaderos. Una vez que nos damos cuenta de la importancia que la gente le da a ser amada y a ser digna de amor, nuestra capacidad de detectar la adulación estratégica mejora, y con un poco de suerte, se reducen las probabilidades de que sucumbamos a ella.

Nuestras vidas están llenas de gente que quiere influir en nosotros de muchas maneras. La gente que nos rodea quiere ser amada, al igual que nosotros. En ocasiones nos engañan y nos hacen creer que somos lo que no somos, ya sea por razones estratégicas o bien por un error sin malicia. Smith nos invita a no caer en ese engaño y a evaluarnos a nosotros mismos de forma sincera. No obstante, es posible que detectar esos falsos halagos que provienen de los demás no sea el mayor reto al que nos enfrentemos, sino que el mayor reto provenga de nosotros mismos, ya que nuestro deseo de ser estimables es tan poderoso que puede hacernos creer que lo somos aun cuando la realidad sea bien distinta. El sabio rechaza las alabanzas que no merece, pero no es fácil ser sabio y los halagos más difíciles de rechazar son los que provienen de uno mismo.

Capítulo 4
Cómo no engañarnos a nosotros mismos

Una de mis canciones favoritas de adolescencia era «Pack Up Your Sorrows», un tema folk interpretado por Richard y Mimi Fariña. Casi nadie se acuerda ya de ellos: eran un dúo folk formado por un matrimonio. Richard era mayor que Mimi. Cuando se casaron ella tenía dieciocho años y él veintiséis. Cuando Mimi cumplió veintiuno, celebraron una gran fiesta en Carmel, una localidad de la costa californiana. Fue un día realmente especial, acababa de salir la novela de Richard, *Been Down So Long It Looks Like Up To Me,*[11] y unas horas antes se había celebrado la presentación del libro. En un momento del cumpleaños, Richard Fariña se montó en una moto con un amigo y

---

11 *Hundido hasta el cielo,* trad. Kenneth Jordan Núñez, El Aleph, Barcelona 2008. *(N. del t.)*

fueron a dar una vuelta. El conductor, su amigo, perdió el control de la moto. La policía dijo después que habían tomado una curva muy cerrada a más de ciento cuarenta por hora. El conductor sobrevivió al accidente. Fariña salió despedido y falleció en el acto.

Richard Fariña era, por lo que todo el mundo dice, un ser humano con un carisma y un talento extraordinarios. La inesperada muerte de un hombre tan excepcional y a una edad tan temprana no sólo destrozó el corazón a su mujer, sino a todos sus allegados. No podemos siquiera imaginarnos el dolor que tuvo que sentir su esposa. Que sucediera además el día en que ella cumplía veintiún años es más que trágico: hace falta una palabra aún más oscura y más triste. No la encuentro. Seguramente sus amigos procuraron arroparla.

Por entonces la hermana de Mimi, que también era una cantante folk, se encontraba de gira por Europa. Mimi, consciente de la dificultad que supondría para su hermana atravesar un océano y un continente en tan breve plazo, le dijo que no acudiera al funeral y que volviera más adelante para consolarla. Quizá Mimi no tenía necesidad de que su hermana estuviera presente o quizá consideró que así se lo ponía más fácil a su hermana mayor.

¿Hasta qué punto es importante estar presente en el funeral del marido de nuestra hermana o en el de la madre de un amigo? Hay cientos de causas que podrían excusarnos de asistir a un funeral. A menudo en la vida se dan situaciones de este tipo, en las que hay que elegir entre lo que resulta más fácil y cómodo para nosotros (terminar la gira y disfrutar del éxito) y la oportunidad de ayudar a los nuestros (volver a casa y consolar a una hermana).

Muchas veces tenemos que elegir entre lo que es agradable y bueno para nosotros y lo que un espectador imparcial consideraría correcto. Resulta que usted recibe el encargo de auditar unas cuentas que no son lo claras que a usted le gustaría y aceptar el trabajo supone hacer dejación de uno de sus principios, ya que hay que utilizar una técnica de cálculo que usted sabe que es un tanto dudosa. Pero quizá no sea más que una pequeña dejación de sus principios —no es para tanto, se dice— y el encargo es importante. O quizá su jefa le pida que haga algo que usted sabe que no es del todo limpio o que puede meter en problemas a la compañía, un riesgo que es real, pero difícil de cuantificar. Ella está ansiosa por que dé vía libre a la compra de un paquete de acciones que anuncia beneficios rápidos, pero el escenario que se plantea a largo plazo asusta bastante. ¿Se lo advierte o se pone manos a la obra sin rechistar?

¿Qué estamos dispuestos a sacrificar para ser estimables?

Nos enfrentamos continuamente a decisiones menores. Por ejemplo, es domingo por la mañana y no queda mucho para la hora de comer. Si me doy prisa, me da tiempo a ir al gimnasio, que es lo que me apetece hacer, pero mi hijo quiere que le ayude con los deberes de matemáticas, mi esposa me pregunta si puedo ir al supermercado y mi vecino acaba de llegar del hospital y no le vendría mal tener un rostro sonriente junto a su cama. ¡No puedo hacerlo todo! Quizá sólo pueda hacer una de las tres cosas, pero ¿cuál?

Las he llamado «decisiones menores», pero no son tan despreciables. Día a día, sumándose, hacen el total de una vida. ¿Cómo manejamos esas decisiones? Queremos ser estimables, pero no es fácil llegar a serlo. Es tan difícil que todos sabemos que a veces —quizá bastantes— nos quedamos cortos respecto a lo que nos pediría un espectador imparcial o lo que nos gustaría pensar que nos pediríamos a nosotros mismos. Muy a menudo nos quedamos cortos a la hora de estar a la altura de los ideales que defendemos y los principios que decimos sostener. ¿Cómo reconcilia Smith estas insuficiencias, grandes y pequeñas, con la afirmación de que deseamos ser estimables?

Una de las razones que da cuenta del egoísmo —o, peor aún, de la crueldad— es que muchas personas no se imaginan a ese espectador imparcial —ni ganas que tienen de imaginárselo—, y de hecho tampoco albergan interés alguno por ser dignos de estima. Esta explicación resulta tentadora a la hora de analizar a nuestros congéneres: las personas que no se comportan del modo que nosotros consideramos correcto son inmorales o malas.

Sin embargo, Adam Smith tiene otra razón para ese fracaso. Si no logramos estar a la altura del criterio de un espectador imparcial o de la gente que nos rodea y cuyo respeto y afecto nos gustaría ganarnos, es porque somos propensos al autoengaño. El espectador imparcial al que nos imaginamos y cuyos consejos escuchamos no es tan imparcial como nos gustaría pensar.

En el fragor del momento, cuando estamos a punto de actuar, el amor propio eclipsa a menudo cualquier posible intervención por parte del espectador imparcial, «el hombre dentro del pecho», la conciencia:

> Cuando está cerca y presente, la violencia e injusticia de nuestras pasiones egoístas es a veces suficiente para inducir al hombre dentro del pecho a brindar un testimonio muy diferente del que las verdaderas circunstancias del caso están en condiciones de permitir.

El espectador imparcial es un portavoz imperfecto a la hora de abogar por lo correcto. Nuestros impulsos pueden llevarse por delante a nuestro buen juicio con bastante facilidad. Después, a toro pasado, podemos reflexionar con más calma sobre nuestras obras:

> Es verdad que cuando la acción se ha agotado y las pasiones que la instigaron se apaciguan, podemos asumir más fríamente los sentimientos del espectador indiferente. Lo que tanto nos interesó antes, se vuelve ahora casi tan indiferente a nuestros ojos como siempre lo fue a los suyos, y podemos examinar nuestro comportamiento con su sinceridad e imparcialidad.

Por tanto, al menos en teoría, la reflexión que hacemos sobre nuestro comportamiento pretérito puede ayudar a aprender, a autoconocernos mejor y fomentar el deseo de comportarnos de manera distinta en el futuro. En principio podemos proponernos firmemente no repetir los errores que hemos cometido anteriormente. Desafortunadamente, Smith señala que no somos «tan sinceros» cuando reflexionamos sobre nuestras acciones pasadas. A menudo una evaluación sincera de nuestro comportamiento no resulta fácil de soportar:

> Es tan desagradable pensar mal de nosotros mismos que solemos apartar los ojos de aquellas particularidades que podrían torcer ese juicio hacia lo desfavorable.

O si reformulamos la frase original de Smith sobre ser amado y ser dignos de amor: no nos basta con ser amados, queremos *considerarnos* dignos de amor. En lugar de vernos a nosotros mismos como realmente somos, nos vemos como nos gustaría ser. El autoengaño puede ser más reconfortante que el autoconocimiento. Nos gusta embaucarnos.

Enfrentarnos a nuestra fragilidad y a nuestros fracasos puede ser doloroso, así que evitamos aquellas situaciones que nos ponen delante nuestros defectos: resulta mucho más agradable engañarnos a nosotros mismos. Todos, en un grado o en otro, somos cobardes cuando lo que está en juego es tomar conciencia de uno mismo:

> Se dice que el cirujano más audaz es aquel al que no le tiembla la mano cuando practica una operación sobre su propia persona; a menudo resulta igualmente audaz el que no titubea en correr el velo misterioso de la autoilusión que le impide ver las deformidades de su propia conducta.

Por definición, los velos son misteriosos: ocultan el rostro del mundo, pero creo que lo que Smith está apuntando en este pasaje es que el velo del autoengaño genera misterio porque nos oculta nuestro propio rostro. Evita que nos veamos tal como somos. Podemos ser muy sensibles a nuestros defectos físicos o incluso a las más leves imperfecciones de nuestro cuerpo cuando nos miramos en el espejo. Nuestros ojos van directos a esos defectos del mismo modo que la lengua va a la llaga de la encía. Pero ¿y nuestros defectos morales? ¿Mis defectos como marido, padre, hijo o amigo? Parece que no hay espejo para esos. La mayor parte del tiempo, preferiría no mirar.

El físico Richard Feynman dijo: «El primer principio es no engañarse a uno mismo: y la persona más fácil de engañar es uno mismo». ¿Quién soy? A veces soy la persona más fácil de engañar. Soy tan fácil de engañar que hasta puedo convencerme a mí mismo de que entiendo lo fácil que es engañarme. Por supuesto, los demás se engañan a sí mismos. Pero yo no. Ni hablar. Yo me analizo con sinceridad y me veo tal como soy. Si usted piensa así, puede que esté cayendo en la más flagrante forma de autoengaño.

La conciencia que Smith tiene de nuestra incapacidad para vernos con claridad encuentra un eco en esa intersección contemporánea entre psicología y economía llamada economía del comportamiento, una disciplina que pone en tela de juicio la estricta racionalidad de la mayoría de los modelos económicos contemporáneos. Daniel Kahneman obtuvo el Premio Nobel de Economía por un trabajo experimental que realizó en colaboración con Amos Tversky en el que examinaron con cuánta facilidad y frecuencia percibimos la realidad de forma errónea. Aquel año el galardón lo compartieron *ex aequo* con Vernon Smith, otro experimentalista que estudia cómo las interacciones con otros en el mercado pueden atenuar los errores que cometen los individuos. Así pues, aunque podamos pensar que nuestra casa es más hermosa de lo que es o que nuestra competencia profesional vale más de lo que vale en realidad, cuando intentamos vender nuestra casa o buscar trabajo es cuando aprendemos a apreciar con más exactitud cómo son las cosas. Me gusta pensar que Adam Smith hubiera valorado la obra de Kahneman y Vernon Smith y que los hubiera considerado sus herederos intelectuales.

En los tiempos que corren quizá habría quien objetase que un poco de autoengaño tampoco es del todo malo, es decir, que la autoestima o la confianza en uno mismo, aun cuando sean exageradas, pueden ser beneficiosas. Ahora bien, la concepción que Smith tenía del autoengaño o la sobrestimación de los propios méritos era decididamente negativa:

> Este autoengaño, esta fatal debilidad de las personas, es la fuente de la mitad de los desórdenes de la vida humana. Si nos viésemos como nos ven los demás, o como nos verían si lo supieran todo, la enmienda sería generalmente inevitable. En caso contrario no podríamos sostener la mirada.

Usted no es tan digno de estima como cree. Yo tampoco soy tan digno de estima como creo. Nuestra incapacidad para afrontar esta realidad, nuestro deseo de considerarnos a nosotros mismos más estimables de lo que somos en realidad nos impide enmendar nuestro comportamiento. El autoengaño nos hace pensar que somos dignos de estima cuando no lo somos. El autoengaño me induce a creer que soy virtuoso cuando no es así.

No resulta extraño que nos parezca más fácil detectar los defectos morales de los demás que nuestras propias deficiencias. Smith nos advierte acerca de esta asimetría. Una de las forma de corregir este desequilibrio nos la mostró Baal Shem Tov, el gran místico judío fundador de la corriente jasídica, quien murió precisamente un año después de que se publicase la primera edición de *La teoría de los sentimientos morales*. Baal Shem Tov decía que nos damos cuenta de los defectos de quienes nos rodean para recordar los nuestros y así espolearnos a nosotros mismo a mejorar. Los defectos de nuestros prójimos nos sirven de espejo en el que contemplar nuestras propias imperfecciones y así, en teoría, corregirlas. De manera que cuando vemos a un compañero de trabajo enfadarse por algo trivial, en lugar de sorprenderse de que él o ella sean tan sensibles ante algo tan nimio, pregúntese a sí mismo si no hay ocasiones en las que usted se ha enfadado por algo ridículo y carente de importancia. Cuando su hijo se impaciente, reflexione sobre su propia impaciencia e intente ayudarle enseñándole que uno puede controlarse a sí mismo.

Smith se dio cuenta de que la gente que nos rodea puede desempeñar un papel similar a la hora de mejorar nuestro comportamiento. Después de analizar el autoengaño como una de las debilidades fatales de la humanidad, apunta que existe algo que refuerza el efecto que pueda tener sobre nosotros el espectador imparcial:

> Pero la naturaleza no ha dejado a esta tan importante debilidad sin remedio, ni nos ha abandonado por completo a los espejismos del amor propio. Nuestra continua observación de la conducta ajena nos conduce insensiblemente a formarnos unas reglas generales sobre lo que es justo y apropiado hacer o dejar de hacer.

Por «insensiblemente» Smith entiende «inconscientemente». Aprendemos qué es adecuado y qué no lo es a partir de las acciones de los demás. Las normas sociales y las reglas generales de la moral, que aprendemos observando el mundo que nos rodea, nos preparan para distinguir aquello que es digno de admiración de lo que no lo es. Esas reglas generales pueden hacer enmudecer nuestras pasiones egoístas y darle a nuestra conciencia una posibilidad de victoria frente a nuestro amor propio. Vemos a otros adoptar una pauta de comportamiento, y nos fijamos en cómo los demás la juzgan. Si el juicio es negativo, eso nos exhorta a evitarlo; si es positivo, nos alienta a emular esa acción:

> Otras acciones, en cambio, originan nuestra aprobación, y todos en nuestro derredor manifiestan una misma opinión positiva sobre ellas. Todos anhelan honrarlas y premiarlas. Promueven todos los sentimientos que por naturaleza deseamos más intensamente: el amor, la gratitud, la admiración de los seres humanos. Ambicionamos realizar actos parecidos, y así naturalmente establecemos para nosotros una pauta general de otro tipo: hay que buscar cuidadosamente todas las oportunidades para obrar de esa forma.

Asimismo, tenemos reacciones naturales ante determinados comportamientos que consideramos intrínsecamente detestables o admirables. Smith pone el ejemplo de alguien que es asesinado por una persona en la que confiaba; eso es algo que nos horroriza de inmediato, sin necesidad de ver cómo reaccionan otros. A partir de esta mezcla de reacciones naturales y de lecciones suministradas por la experiencia vital, aprendemos a comportarnos correctamente. Esas normas forman parte integral de nuestro ser, y ayudan además al espectador imparcial que llevamos dentro a dominar las peores pasiones del amor propio.

Al funeral de Richard Fariña acudió una famosa cantante folk y cantó «Amazing Grace» como homenaje a Richard, pero no fue la hermana de Mimi, Joan Baez, la que cantó ese día, ya que Joan decidió quedarse en Europa y terminar su gira. Fue Judy Collins la que cantó.

Las hermanas Mimi Fariña y Joan Baez eran espectadoras parciales; a saber, espectadoras con un tremendo grado de implicación emocional en esa situación, pero usted, querido lector, y yo somos espectadores imparciales. ¿Cree usted que Joan Baez hizo bien en lo que se refiere a su hermana y a su amigo Richard al quedarse en Europa mientras su hermana estaba de luto? Seguramente no disponemos de información suficiente para poder responder correctamente a esa pregunta, pero hay un detalle añadido en esta historia que me ayudó a entender de una manera más completa el misterioso velo del autoengaño.

Cuando Joan Baez decidió quedarse en Europa, aseguró a su hermana que Richard hubiera preferido que ella no fuera al funeral. Si continuaba la gira, podría honrar mejor su recuerdo interpretando algunas de sus canciones y hablando sobre él durante sus conciertos. No se quedaba en Europa por decisión propia, sino porque era lo mejor que podía hacer en memoria del pobre Richard Fariña. Y dado que Mimi amaba a Richard, Joan estaba diciendo incluso que estaba haciendo lo mejor para Mimi. Evidentemente, Mimi no estaba del todo de acuerdo, aunque no sé si lo expresó así en aquella época. Décadas más tarde, en una entrevista con David Hajdu para su libro sobre el surgimiento del folk en los años sesenta, *Positively 4th Street*[12], Mimi dijo que el juicio de Joan acerca de lo que hubiera deseado Richard no fue del todo correcto. Dijo que Richard hubiera preferido que al tener conocimiento de su muerte, a Joan le hubiera sobrevenido una crisis nerviosa y que hubiera sido emocionalmente incapaz de continuar con la gira. Creo que Mimi no iba desencaminada.

Una vez que nos fijamos en esta extraña inversión lógica —¡lo que parece conveniente para mí también lo es para ti!—, empezamos a detectarla más a menudo. Podemos verla en la vida cotidiana, cuando llamamos a alguien para contarle algo pero esa persona tiene tanto interés en escucharnos como nosotros en hablar. «No te robo más tiempo», dicen, cuando lo que quieren decir es «te dejo». Terminan la conversación como si le estuvieran haciendo a uno un favor. Otro ejemplo es el del entrenador de la NFL[13] que deja al equipo porque quiere pasar más tiempo con su familia: esa necesidad suele durar lo mismo que tarda otro equipo en hacerle una oferta de trabajo. De repente el entrenador ya ha pasado el tiempo necesario con los suyos y está a punto para volver a entrenar cien horas semanales.

---

12 *Positively 4th Street: The Lives and Times of Joan Baez, Bob Dylan, Mimi Baez Fariña and Richard Fariña*, Picador, Nueva York, 2011. *(N. del t.)*

13 Siglas de la National Football League, el organismo rector del fútbol americano en Estados Unidos. *(N. del t.)*

Antes solía pensar que la razón por la que la gente utilizaba un lenguaje que no pareciera egoísta para describir acciones manifiestamente egoístas era hacer creer a los demás que ellos no pensaban sólo en sí mismos. Como una especie de reclamo publicitario. Queremos que nos quieran, de modo que formulamos nuestros deseos en un lenguaje altruista y hacemos pasar nuestro egoísmo por algo que se parezca a la amabilidad.

Smith ofrece otra posible explicación: decimos estas cosas no sólo para convencer a los demás, sino para convencernos a nosotros mismos. Nos persuadimos a nosotros mismos para creer que somos estimables cuando no lo somos. Hacemos lo que más nos conviene, pero nos convencemos de que es lo mejor para los demás. Puede que Joan Baez creyera de corazón que al no acudir al funeral estaba haciendo lo que Richard Fariña hubiera deseado. Nos engañamos a nosotros mismos porque albergamos un enorme deseo de considerarnos dignos de estima. Puede que Bernie Madoff durmiese con tanta placidez como Warren Buffett. Quizá logró convencerse a sí mismo de que estaba ayudando a sus «inversores» a obtener unos beneficios superiores a la media. Quizá se sintiera reconfortado al ver lo que las organizaciones benéficas cuyos fondos gestionaba lograban hacer con el dinero que les procuraba.

Según Smith, si nuestro comportamiento no siempre está a la altura de nuestros ideales no es porque seamos malas personas ni porque el interés personal se imponga a nuestra bondad, sino porque no nos damos cuenta de que no estamos siendo consecuentes con nuestros principios. Es difícil decir cuál de estas ideas es más deprimente: no ser dignos de estima porque no lo merecemos o porque nos engañamos a nosotros mismos y no nos damos cuenta de cómo somos. No sólo escondemos nuestros defectos bajo el misterioso velo del autoengaño, sino que los transformamos en virtudes. Esa es la razón por la que cuesta tanto enfrentarse al espectador imparcial.

De modo que no sólo no hago lo correcto, no sólo no me enfrento a mis defectos, sino que me convenzo a mí mismo de que obrar mal es obrar bien. Cuando, mientras estoy trabajando en la redacción de este libro, mi hijo me pide que le ayude con sus deberes de matemáticas y le contesto que estoy ocupado, me convenzo a mí mismo de que, si consigo que el libro sea mejor, se venderán más ejemplares y así será más fácil pagar la elevada matrícula de una buena universidad. «¡Si en el fondo no quiere que le ayude con sus deberes –me digo a mí mismo–. Lo que quiere es que termine el libro!» Ignorar su petición de ayuda no significa que me mueva mi interés personal, qué va; es una prueba de abnegación por mi parte.

Smith nos recuerda la dificultad de ser objetivos cuando tenemos en juego nuestro interés personal. Resulta muy sencillo convencernos de que estamos haciendo lo correcto cuando no estamos haciendo más que lo que nos conviene. Una manera de protegernos en una situación semejante consiste en buscar un mentor o un espectador de carne y hueso que sea realmente imparcial y que nos ayude a ver a través de esa neblina que levanta el amor propio y que tantas veces nos ciega.

«Sesgo de confirmación» es el nombre que reciben hoy en día las observaciones de Smith sobre el autoengaño. El sesgo de confirmación opera cuando filtramos la realidad a través de nuestros prejuicios, ignorando los indicios que ponen en tela de juicio o refutan lo que creemos y aceptando con avidez todo aquello que confirma nuestras creencias. Nos gusta pensar que somos estimables, de modo que sobredimensionamos y rescatamos aquellos recuerdos que confirman la imagen que queremos tener de nosotros mismos, a la vez que olvidamos o tergiversamos todo lo que no nos hace parecer tan atractivos. Estamos predispuestos a considerarnos bondadosos. Dado que queremos considerarnos estimables, nos concedemos el beneficio de la duda y a veces, incluso, transformamos nuestros defectos en virtudes.

Ahora bien, el reto que supone escudriñarnos con sinceridad trasciende nuestras relaciones personales. Por eso creo que Smith dice que el autoengaño es «la fuente de la que surgen la mitad de los desórdenes de la vida humana», e incluso puede que se quede corto. No sólo nos

decenas de miles de empleos. Al fin y al cabo, sus datos y sus análisis lo indican, pero de una manera u otra, los escépticos del bando contrario pueden demostrar que esas medidas han servido de poco o nada. ¿Cómo es posible? Ambos bandos quieren sentirse dignos de estima y seguros de sí mismos, así que se las arreglan de un modo u otro para convencerse a sí mismos de que los datos que aportan sus rivales son deficientes y de que sus estudios los realizan investigadores mediocres o peones de intereses espurios.

Cuando inicié mi andadura profesional, creía firmemente que los análisis que respaldaban mi visión del mundo eran los correctos. Habían sido realizados con la meticulosidad y el rigor necesarios para averiguar la verdad. ¿Y los de las otras escuelas? Resultaba muy fácil descartarlos: estaban llenos de fallos, premisas erróneas y análisis incompletos. A medida que me he ido haciendo mayor, he perdido aquella convicción y quizá me haya vuelto más sincero. La economía es demasiado compleja y no hay un criterio preciso que valga para calibrar la rica interrelación de todas las piezas que están en juego. Nos faltan datos y ni siquiera somos capaces de entender cómo funcionan las cosas en su conjunto. Somos como borrachos buscando de noche unas llaves perdidas bajo una farola, y no porque sea allí donde las hayamos perdido, sino porque es el único lugar iluminado. Deberíamos ser más humildes y sinceros. Nuestros estudios empíricos son muy imperfectos y muchas veces simplemente vienen a confirmar nuestros prejuicios ideológicos y nuestros principios. Primero fijamos nuestros principios y, a continuación, encontramos las pruebas que los sustentan y hacemos caso omiso de las que no nos convienen.

Una vez, en el transcurso de una conferencia para periodistas, sostuve que no existía estudio empírico tan irrefutable —ni siquiera aquellos que emplean las más sofisticadas técnicas econométricas— como para lograr que quienes defienden una postura opuesta admitan, a la vista del estudio, su error. Sostuve entonces que todos tendemos a pensar que somos personas dignas de estima, a sobrevalorar aquellas pruebas que nos dan la razón y a infravalorar las que tienden a quitárnosla. A nadie le gusta admitir que está equivocado. Los periodistas no acabaron de créerselo: ¿era eso verdad? ¿No había estudios tan rigurosos que resultaban irrebatibles? Pregunté al resto de economistas que había en la sala si podían ofrecer algún ejemplo. Se produjo un silencio que sólo se rompió cuando uno de ellos ofreció su propia investigación como ejemplo: un estudio farragoso sobre una cuestión teórica poco disputada. Le di las gracias por corroborar lo que acababa de decir.

Claro está, esta es también una postura en la que me he enrocado, por lo que a su vez a mí me resulta difícil aceptar datos o estudios que pudieran ser irrefutables.

Ahora bien, creo que esa clase de estudios se dan con cuentagotas en áreas tan polémicas como la política económica, donde son tantos los factores que inciden sobre el resultado final que nos resulta imposible llevar a cabo valoraciones precisas. No es baladí que F. A. Hayek, merecedor de un Premio Nobel de Economía, llamara «pretensión de conocimiento» a lo que no es sino la expresión de nuestro exceso de confianza.

Nassim Taleb[14] acuñó la expresión «falacia narrativa», otro término contemporáneo que nos sirve de ayuda en el reto de entender con algún grado de precisión un mundo tan complejo como el nuestro. Nos gustan las narraciones que siguen una pauta nítida y sin turbulencias. Se registran las pruebas que apoyan la narración *post factum*, y las que no lo hacen se desechan. Casi a diario, en las secciones de negocios de los periódicos aparece un artículo sobre el comportamiento del mercado de valores de ese día o del día anterior. Si el mercado ha tenido una tendencia a la baja, se debió a un informe desalentador de la Oficina de Estadística del Trabajo,[15] quizá desde la

14 Nassim Taleb (Líbano, 1960), ensayista y teórico económico estadounidense que se autocalifica como «empirista escéptico». Hay varias obras suyas traducidas al castellano: *El cisne negro: el impacto de lo altamente improbable*, traducción de Roc Filella, Ediciones Paidós Ibérica, Barcelona, 2008, y *Antifrágil: las cosas que se benefician del desorden*, traducción de Genís Sánchez Barberán y Albino Santos Mosquera, Paidós, Barcelona, 2013. *(N. del t.)*

15 El *Bureau of Labor Statistics* es la agencia pública del gobierno de Estados Unidos que recoge, procesa y analiza las estadísticas de empleo. *(N. del t.)*

Reserva Federal se comentó algo que asustó a los inversores, o quizá éstos están «inquietos», «nerviosos» o «recogiendo beneficios».

Al día siguiente el mercado experimenta un alza y se invocan otras explicaciones, a veces a cargo de los mismos economistas, pero ¿no estaban los inversores inquietos el día antes? ¿No ha hecho la Reserva Federal otra declaración muy semejante a esa que había asustado a los inversores? ¿Y no se ha hecho público otro informe preocupante de la Oficina de Estadística del Trabajo?

¿Cómo es posible que el mercado haya subido hoy, cuando esos mismos factores lo habían hecho bajar el día anterior? Es fácil: los inversores se cansaron de estar inquietos, el mensaje de la presidenta de Reserva Federal no era tan negativo como pensábamos y eso realmente dio ánimos a los inversores en lugar de deprimirlos. Y es cierto que las nuevas cifras de la Oficina de Estadística del Trabajo eran bastante desalentadoras, pero la Oficina de Análisis Económico hizo públicas otras que alentaron el optimismo de los inversores. ¡Claro que el mercado experimentó un alza! El mundo es un lugar complejo. Todo el mundo puede explicarle a usted por qué el mercado subió o cayó ayer, pero nadie puede pronosticar cómo se comportará mañana. Todo es narración *post factum*: en eso consiste la falacia narrativa.

No me cabe duda de que estos economistas a los que

nos referimos piensan que saben de qué hablan y que los periodistas que los citan creen que están tratando con expertos. Ahí reside la fuerza del sesgo de confirmación y de las clarividentes observaciones de Smith a la hora de explicar nuestra resistencia a retirar ese misterioso velo y enfrentarnos a quienes realmente somos; en definitiva, nuestra resistencia —como en la analogía del cirujano de Smith— a aplicarnos a nosotros las mismas reglas que aplicamos a los demás. Queremos considerarnos estimables. Todos nosotros vivimos alguna versión de la falacia narrativa y censuramos las partes de nuestra vida que no nos gusta contemplar.

Si usted tiene el sótano inundado y llama a un albañil para que lo asesore, seguramente le recomendará que se gaste treinta mil dólares en cavar un foso alrededor de su casa y renovar los cimientos. El tipo que vende bombas de agua le venderá bombas de agua. El experto en alcantarillado le aconsejará que cambie los sumideros y el paisajista le intentará convencer de que construya una berma que conduzca el agua lejos de su casa. Cuando uno tiene un martillo en la mano, todo le parece un clavo.

Usted sabe que todos ellos se ganan la vida vendiendo su producto. No se trata de que sean unos aprovechados que aparecen con sus colmillos afilados para beneficiarse de su ingenuidad: no es una maniobra para dejarle sin blanca. Están convencidos de que pueden ayudarle, cada uno desde su especialidad, pero han llegado a tal punto de especialización que ignoran que haya otras soluciones para su problema que tal vez sean más eficaces o más baratas. Son honrados y su honradez los convierte en buenos profesionales, pero también los vuelve más duros de mollera.

Sabemos que el tipo de las alcantarillas o el de las bombas de agua quiere ganar dinero y eso nos pone en guardia respecto de ellos, incluso aunque sean sinceros. Ahora bien, los médicos, a los que tendemos a considerar como gente solícita y de buen corazón, son exactamente iguales. Todos queremos que nos consideren estimables. Una cirujana de otorrinolaringología seguramente pensará que para solucionar una congestión nasal es mejor pasar por el quirófano que comprar un espray nasal. Es menos probable que entre a considerar que la cirugía no siempre sale bien y que se producen complicaciones inesperadas, o que se permita tener dudas acerca de si el problema se solucionará realmente o si la recuperación será lenta y la curación definitiva.

En el siglo XIX los médicos estaban ansiosos por evitar las infecciones puerperales que solían desembocar en la muerte de las parturientas. Hacían autopsias a las víctimas recientes y luego volvían a las maternidades para asistir al siguiente parto. No se daban cuenta de que eran ellos los transmisores de la enfermedad a causa de los gérmenes que llevaban en las manos. En Europa la tasa de mortalidad en las maternidades de algunos hospitales era de una de cada seis, una cifra realmente terrible. A los médicos les gusta considerarse dignos de estima y debió de resultarles insoportable considerar siquiera la posibilidad de que fueran ellos los causantes de esas muertes. Resultaba más fácil creer que había algún miasma en el aire que estaba propagando la enfermedad. El hecho de que los niveles de infección puerperal en los partos hechos en casa fueran muy inferiores debía de tener otra explicación.

A pesar de los esfuerzos realizados por Ignác Semmelweis para convencer a sus colegas de que lavarse las manos con desinfectante eliminaba la enfermedad, durante años se continuó pensando que había que ventilar mejor las salas de las parturientas, incluso después de que Semmelweis enunciara una teoría para explicar la enfermedad, propusiera un tratamiento preventivo y demostrara cómo descendían las tasas de mortalidad cuando se aplicaban sus ideas[16]. Puede que la personalidad de Semmelweis tuviera algo que ver con el hecho de no se aceptaran sus teorías, pero sin duda Adam Smith habría entendido a la perfección una parte del rechazo de los médicos: no es agradable pensar que podrían haberse

16 Véase el libro de Sherwin B. Nuland, *El enigma del doctor Ignác Semmelweis* publicado por Antoni Bosch editor *(N. del e.)*

evitado miles de muertes con un simple lavado de manos más meticuloso. Los médicos no quisieron creer a Semmelweis porque aquello era demasiado duro de asimilar.

Las consideraciones de Smith acerca del fenómeno del autoengaño nos alertan sobre los límites de la razón; pero poner en tela de juicio sus límites no significa rechazarla ni volverse supersticioso o irracional, ni tampoco ser contrario a la ciencia. Nassim Taleb apunta que un mapa es muy útil para moverse por París, pero no si el mapa en cuestión es de Nueva York. Utilizar un mapa erróneo sin darse cuenta de ello es peor que no usar mapa alguno ya que genera una confianza en uno mismo que a la postre puede ser peor que aceptar que andamos perdidos.

Los científicos son seres humanos y, como tales, comparten todas nuestras limitaciones. En algunas ocasiones hasta el mejor análisis cuantitativo es peor que ninguno, porque genera la ilusión de cientificidad. De ahí que Hayek hablase de «cientificismo». Tener presentes los límites de la razón es una señal de aviso que nos recuerda que no somos tan listos como creemos y que no somos perfectos buscadores de la verdad. Somos falibles, y el camino hacia la sabiduría empieza por reconocerlo. Hay muchas cosas que parecen clavos, pero no les beneficia en absoluto golpearlas con un martillo, hecho que debería inculcar precaución y humildad a quienes van provistos de martillos.

La humildad es un gusto adquirido: una vez que a uno le gusta, es un plato que hay que servir caliente. Resulta asombroso lo liberador que puede resultar decir: «No lo sé». Quizá nuestros rivales intelectuales no sean particularmente obtusos, sino que simplemente ven el mundo desde una óptica distinta o interpretan los datos de un modo distinto a nosotros. A menudo lo que a nosotros nos parece un hecho decisivo, un análisis determinante o una prueba definitiva, puede ser rechazado por nuestros adversarios. Por difícil que resulte de concebir, nuestros oponentes tienen sus propios datos, y para ellos resultan tan convincentes como para nosotros los nuestros. El mundo es un lugar muy complejo. Quizá haya más cosas en la tierra y el cielo, Horacio, que las que sospecha tu filosofía.[17]

El mayor reto que se nos presenta a la hora de poner en práctica las observaciones de Smith sobre el autoengaño es la tendencia a pensar que los que nos rodean están ciegos ante sus propios defectos, que defienden con demasiada arrogancia sus observaciones y que no son conscientes de las profundas verdades que subyacen a nuestra visión del mundo. Caemos en la tentación de decir que los que más fácilmente se engañan son ellos, pero eso no es verdad. Recordemos la conclusión de Feynman: *usted*

17 Hamlet 1, 5: «Maybe there are more things in heaven and earth, Horatio, than are dreamt of in your philosophy». *(N. del t.)*

es la persona más fácil de engañar. No se engañe con la idea de que usted no se engaña a sí mismo.

Taleb, que ha explorado el territorio del autoengaño en tres libros, cita un proverbio veneciano en su obra de 2012 *Antifrágil*: «El mar se hace más profundo cuanto más te adentras en él». Cuanto más aprendemos, más conscientes somos de todo lo que nos falta por aprender. Tampoco es preciso que aspiremos a saberlo todo. Admitir la propia ignorancia puede ser una bendición.

Smith nos pone en guardia ante un defecto de nuestra naturaleza: nuestro deseo de ser estimables puede ser tan poderoso que acabemos por rechazar cualquier indicio en sentido contrario. Es fácil engañarse y pensar que somos estimables cuando no lo somos. No obstante, no se trata solamente de que luchemos por ser estimables y, a la vez, por percibirnos de forma sincera. Smith sostiene además que nuestro deseo de ser estimados presenta sus propios escollos.

Capítulo 5

Cómo ser amado

Me imagino una noche lluviosa en Edimburgo. No necesito un GPS para llegar a Panmure House, la casa que Adam Smith habitó durante los últimos doce años de su vida y que aún sigue en pie. Me recibe en la puerta, recoge mi abrigo de lana, empapado y pesado por la lluvia, y me da la bienvenida.

La casa de piedra es fría y está atravesada por corrientes de aire, pero el fuego está encendido en el salón y eso basta para hacer acogedora hasta la vivienda más fría. Hay estanterías y libros por todas partes, cerca de tres mil volúmenes, muchos de ellos encuadernados en piel con una maestría insólita en nuestros tiempos.

Smith cuelga mi abrigo en el perchero y lo acerca al fuego para que el abrigo se seque. Me ofrece algo de be-

ber. Quiero pensar que será un Laphroaig o un Lagavulin, pero esos whiskies no aparecieron hasta 1815 y 1816, respectivamente. Hay Bowmore, lo que me viene de perlas. ¿Y qué tomará habitualmente Adam Smith? Me parece que no le gusta demasiado el alcohol. Su madre está en la habitación de al lado. Él sigue con su té, mientras yo doy sorbos a mi vaso de whisky, con el dilema de qué pregunta formularle a un hombre tan ilustre.

Como caballero que es, percibe mi desasosiego y me lo pone fácil. «¿Qué le trae por Edimburgo?», pregunta. Le cuento que he viajado hasta allí para conocerlo y que paso mucho tiempo dándole vueltas a sus ideas. ¿Acaso se sorprendería de seguir teniendo interés para un economista del siglo XXI? Lo ignoro, pero creo que le agradaría saberlo.

En este punto me pregunto cómo reconciliaría esa reacción con lo que afirma en *La teoría de los sentimientos morales* acerca de la felicidad:

> ¿Qué puede añadirse a la felicidad de una persona que goza de buena salud, no afronta deudas y tiene la conciencia tranquila?

Le imagino pronunciando esas palabras, acompañándolas de un suspiro y quizá de una ligerísima sacudida de la cabeza. Es una pregunta retórica, al fin y al cabo, y la respuesta que espera sería: «Muy poco». A lo largo de toda su obra Smith deja meridianamente claro que el dinero y la fama no conducen a la felicidad, lo que conduce a la felicidad es ser estimado y ser estimable. El dinero y la fama no figuran como términos de esa ecuación.

Durante casi toda su vida Smith gozó de buena salud, no tuvo deudas y, por lo que sabemos, tuvo la más tranquila de las conciencias, pero la cosa no acaba aquí. La publicación de *La riqueza de las naciones* le proporcionó dinero y le dio una reputación. Incluso *La teoría de los sentimientos morales* le procuró también ambas cosas, aunque en menor medida. ¿No contribuyó eso un poco más a su felicidad?

No podía saber que le aguardaba la inmortalidad, pero sí debió de albergar la sospecha de que quizá se le recordaría tras su muerte. ¿No le proporcionaría eso algo más que una leve alegría?

¿No añadiría ningún plus a nuestra felicidad ser mundialmente célebres o hacernos un poco más ricos? ¿No le causaría placer a Smith saber que se ha convertido en una figura importante, que no sólo no ha caído en el olvido, sino que sigue siendo un peso pesado en el ámbito de la economía y de las políticas públicas? ¡Es más célebre que su buen amigo David Hume, uno de los filósofos más importantes de la historia, y más famoso incluso que su coetáneo Voltaire, que marcó el inicio del Siglo de las

Luces! Más influyente, quizá, que ambos. ¿No se le aceleraría el pulso ni le alegraría el corazón enterarse de que, a finales del siglo xx, más de doscientos años después de que escribiera *La riqueza de las naciones*, una primera ministra del Reino Unido llevaría su libro dentro del bolso? ¿No se sentiría aún más feliz al saber hasta qué punto iba a llegar a ser estimado por ser estimable?

¿Y en el caso de usted? ¿Qué podría contribuir, si cabe, a aumentar su felicidad? ¿Le gustaría tener algo más de dinero o de renombre? ¿Le haría eso feliz? ¿Cuánto estaría dispuesto a arrastrarse por un puesto de trabajo mejor pagado? ¿Aceptaría un empleo mejor pagado que le hiciera sentirse vacío y sin entusiasmo? ¿Desempeñaría un trabajo en el que fuera preciso engañar y defraudar para triunfar? ¿Estaría dispuesto a pasar menos tiempo en casa con su familia a cambio de un discreto aumento salarial? ¿Y qué sucedería si eso significara poner en peligro su matrimonio o la confianza de sus hijos? ¿Y si se tratara de un gran aumento salarial, un importante ascenso, la fama, la gloria? O el poder. En tal caso, ¿valdría la pena anteponer su trayectoria profesional a su familia? ¿Hasta qué punto son importantes el dinero o el éxito profesional para nuestra felicidad?

Un entrenador de la NFL puede decir que deja su puesto para pasar más tiempo con su familia, pero su decisión de volver a hacer el mismo trabajo cuando otro equipo le ofrece un nuevo contrato evidencia cuáles son sus verdaderas prioridades. Sólo treinta y dos personas pueden entrenar equipos de la NFL en un mismo momento, así que han de esforzarse mucho para que sus equipos obtengan una o dos victorias de más y conservar así sus puestos de trabajo. Trabajan cien horas o más a la semana. Se quedan dormidos en las oficinas de sus clubes analizando vídeos de sus próximos rivales y se levantan al amanecer para seguir estudiando más grabaciones. Cuando se trabaja cien horas a la semana es difícil dedicar tiempo de calidad a los hijos, o sencillamente tiempo. ¿Merece la pena? Al menos treinta y dos personas así lo creen y miles de otras están esperando que titubeen para ocupar sus puestos. Los miles que esperan estarían encantados de aparcar su vida familiar a cambio de la combinación de dinero y fama que se obtiene siendo entrenador de la NFL. ¿Han elegido bien o se engañan a sí mismos pensando en la satisfacción que obtendrán cuando coronen la cima del éxito profesional? ¿Estaba Adam Smith en lo cierto respecto de aquello que realmente nos importa?

Piense por un momento en las personas que desean ser presidente de Estados Unidos. Los candidatos siempre nos enseñan fotos de ellos con sus queridas familias, insinuando así que ellos se preocupan por sus familias tanto como los demás, puede que más aún. Ahora bien, está claro que no pasan demasiado tiempo con ellas. Es imposible. Estar en campaña electoral es un trabajo a tiempo completo y más aún. ¿Merece la pena? Quienes optan por seguir ese camino seguramente piensan que sí.

Yo tenía catorce años cuando Jacqueline Kennedy se volvió a casar y pasó a ser Jacqueline Kennedy Onassis. Ese matrimonio me dejó perplejo. ¿Por qué –le pregunté a mi padre– se casa Jacqueline Kennedy con un hombre físicamente tan poco atractivo como Aristóteles Onassis, que además es veintitrés años mayor que ella, después de haber estado casada con un hombre tan joven y apuesto como J. F. K.? La respuesta de mi padre fue muy simple: Onassis es muy rico.

—Pero, papá —protesté yo—, Jackie Kennedy es de buena familia y se casó con uno de los Kennedy, una familia extraordinariamente rica. ¡Ella ya es rica!

—Ser rico está bien —me explicó mi padre—, pero ser riquísimo está mejor aún. Está bien viajar a una hermosa isla tropical, pero es más divertido ser dueño de una. Está bien volar en primera, pero tener tu propio *jet* privado es todavía mejor. Un anillo de brillantes es fabuloso, pero uno más grande es aún más fabuloso. Se considera que la fortuna de Aristóteles Onassis cuando muera será de quinientos millones de dólares: eso son muchas islas, muchos aviones y muchos diamantes.

No sé si mi padre tenía razón cuando elucubraba sobre los motivos de Jackie Kennedy, pero no debía de ir mal encaminado del todo. Generalmente preferimos tener más dinero y un salario superior al que ya tenemos. Sin lugar a dudas, nos comportamos como si el dinero fuera la fuente de la felicidad y como si acaparar más fuera lo mismo que ser más feliz. Hay algo en nuestro interior que nos lleva a querer más y más, pero también hay algo en nuestro interior que nos dice que más no significa necesariamente mejor, e incluso hay algo que nos lleva a preguntarnos si merece la pena pagar el precio que conlleva ser rico.

Un amigo mío tiene un trabajo enormemente exigente con el que no disfruta especialmente, pero aguanta porque gana mucho dinero, mucho más del que ganaría trabajando para otra empresa o haciendo otra cosa. Tiene la tensión alta, y cada año sus hijos son mayores.

Él se queja del estrés que sufre y me pide consejo. Deja ese trabajo, le digo. Ganarás menos dinero, pero pasarás más tiempo con tu esposa y tus hijos. Serás más feliz. Pero siempre me responde que no puede, que debe cerrar un montón de tratos importantes: déjame obtener esos contratos y embolsarme las bonificaciones. El año que viene lo dejo y me lo tomo con más calma, me dice. Pero al año siguiente me sigue hablando de nuevos contratos y nuevas bonificaciones. Me recuerda esos bares en los que hay un cartel en el que pone: «Mañana, cerveza gratis».

Cada año su salario es más alto. Cada poco tiempo se muda a una casa más grande y se compra un coche nuevo. ¿Es más feliz? Evidentemente, no. A pesar de los aumentos de sueldo, de las casas cada vez más grandes y de tener coches más y más lujosos, no es feliz. Sólo un año más: luego ya habré ganado lo suficiente, dice.

Todos nos hemos comportado alguna vez como mi amigo. A veces el dinero nos seduce y nos anima a hacer cosas que no son lo que realmente queremos hacer. Se ha vertido mucha tinta para recordarnos que la vida humana es algo más que una carrera, pero a veces el competidor que llevamos dentro nos domina y nos encontramos sometidos por completo a sus impulsos.

Smith dice que nos es connatural no sólo el deseo de ser estimados, sino también el de ser estimables. ¿Cómo se puede conciliar esta afirmación con lo que parecen ser nuestros deseos reales: fama y riqueza? ¿No son esos los dos impulsos que nos mueven?

Smith tiene una respuesta, pero para entenderla primero debemos comprender hasta qué punto es negativa su opinión de la ambición y el deseo de fama y riqueza. Comencemos por esta última.

En *La teoría de los sentimientos morales*, Smith recupera una historia extraída de las *Vidas paralelas* de Plutarco que quizá arroje un poco de luz sobre la incapacidad de mi amigo para dejar el trabajo. Es la historia de Pirro, el rey del Épiro, una región de la Grecia continental. Pirro planea atacar Roma. Su fiel consejero, Cineas —Smith lo llama «el favorito del rey»—, piensa que es mala idea. Cineas es un tipo impresionante, un brillante orador y negociador al que el rey a menudo manda a despachar asuntos en su lugar. Sin embargo, pese a que Cineas goza de la total confianza de Pirro, no suele ser una buena idea indicarle a un rey que se está equivocando, ni siquiera cuando eres su favorito. Por eso Cineas decide dar un rodeo. Así es como empieza a hablar Cineas en la versión que recoge Plutarco:

> —Dicen, Pirro, que los romanos son muy buenos soldados y que gobiernan sobre muchas naciones belicosas; por tanto, si la divinidad nos concediese derrotarlos, ¿qué objeto tendría esa victoria?[18]

Bien, responde Pirro, una vez que hayamos conquistado Roma, podremos someter a Italia entera. ¿Y luego?, pregunta Cineas. Luego conquistaremos Sicilia. ¿Y luego qué?, vuelve a preguntar Cineas. Las siguientes en caer serán Libia y Cartago. ¿Y después?, pregunta Cineas. Luego Grecia entera, responde el rey. ¿Y qué haremos

18 Plutarco, *Vidas paralelas IV: Pirro-Mario,* traducción de Óscar Martínez García, Biblioteca Clásica Gredos, Madrid, 2007. *(N. del t.)*

a continuación?, insiste Cineas. Pirro, echándose a reír, contesta:

—Nos tomaremos un largo descanso, mi querido amigo, copa en mano cada día y entreteniéndonos charlando juntos.

A lo que Cineas espeta al rey:

—Luego, ¿qué nos impide, si eso es lo que queremos, disfrutar desde ahora de la bebida y de las conversaciones entre nosotros?

Tenemos ya a mano todas las herramientas necesarias para vivir satisfactoriamente. No hace falta conquistar Italia para disfrutar de los placeres fundamentales de la vida. Actuemos como seres humanos y mantengamos al competidor bajo control. La vida no es una competición, es un viaje del que gozar y disfrutar. La ambición —el deseo incesante de más— puede acabar con nosotros.

Plutarco compuso las *Vidas paralelas* hace unos dos mil años y en la *Vida de Pirro* contaba una historia de unos trescientos años antes de su tiempo: que el dinero no da la felicidad es una historia muy vieja. Las cosas fundamentales de la vida siguen siendo las mismas a pesar del paso del tiempo. He aquí una versión contemporánea de esa vieja canción. Se pueden encontrar diferentes versiones en Internet. A Smith (y a Plutarco) les hubiera encantado:

> Un hombre de negocios estadounidense estaba en el puerto de un pequeño pueblo costero de México cuando atracó una pequeña barca en la que navegaba un solo pescador. Dentro de la barca había unos cuantos atunes de gran tamaño. El norteamericano alabó al mexicano por la calidad de la pesca e indagó cuánto tiempo había empleado en la captura. «No mucho» fue la respuesta. El norteamericano entonces preguntó al mexicano cómo pasaba el resto del tiempo.
>
> —Me levanto tarde, salgo un rato a pescar, juego con mis hijos y hablo con mi mujer. Me doy un paseo por el pueblo cada tarde, allí me tomo unos vinos con los amigos y me junto con ellos a cantar y a tocar la guitarra. No paro: llevo una vida muy ajetreada.
>
> El norteamericano le replicó:
>
> —Tengo un máster en negocios y podría ayudarle. Podría pasar más tiempo pescando y comprar un barco mayor con las ganancias. Con los beneficios que podría generar con un barco mayor, podría comprar más barcos y finalmente montarse una flota pesquera. En lugar de vender su pesca a un intermediario, podría vendérsela directamente a la conservera y finalmente podría abrir su propia industria conservera y controlar así el proceso entero de procesamiento y distribución. Entonces tendría que abandonar este pe-

queño pueblo y mudarse a México DF y quizá luego a Los Ángeles, desde donde dirigiría su empresa en expansión.

El pescador mexicano le contestó:

—¿Cuánto tiempo me llevaría hacer todo eso?

El norteamericano respondió:

—Quince o veinte años.

—¿Y luego qué? —preguntó el mexicano.

—¡Esa es la mejor parte! Cuando llegue el momento oportuno, podría vender acciones. Se haría muy rico. ¡Podría hacerse millonario!

—¿Millonario? —replicó el mexicano—. ¿Y luego?

El estadounidense continuó:

—Luego podría retirarse y mudarse a un pequeño pueblo costero de México donde podría levantarse tarde, pescar un rato, jugar con sus hijos, pasar tiempo con su esposa y, por las tardes, podría darse un paso por el pueblo, tomarse unos vinos con sus amigos y juntarse con ellos a cantar y tocar la guitarra…

Cuando un gran filósofo y economista de hace doscientos años cita una historia de dos mil trescientos años de antigüedad que se puede contextualizar en nuestros días introduciendo un par de elementos como un máster en negocios y una venta de acciones, lo más probable es que el significado del relato sea trascendente. No sé qué es más asombroso, si que los mensajes que se divulgan sigan siendo los mismos o comprobar que no hemos asimilado estas lecciones a pesar de todas las veces que se han repetido. Hay algo que nos incita sin cesar a seguir avanzando. A lo mejor los que están equivocados son los que predican estas enseñanzas, y la verdad sea que seremos más felices en una casa más grande, conduciendo un coche más caro y hablando por un móvil mejor.

Adam Smith decía que no, que las cosas no nos hacen felices. Sin embargo, al mismo tiempo, entendió la seducción de los juguetes y artilugios. Aunque vivió doscientos años antes que Steve Jobs, el fundador de Apple, Smith entendió esa extraña sensación de que estamos fuera de onda si no tenemos el último iPad con pantalla de última generación, con una cubierta magnética de color verde lima y cámara de vídeo integrada. ¡Mi iPad, el primer modelo, ni siquiera tiene cámara de fotos incorporada! Debería renovarla, ¿no creen?

Cada domingo abro el periódico y veo anuncios de televisiones más grandes que la mía. Cuando voy a un centro comercial, esos televisores gigantes están en los escaparates, una tentación que tengo que soportar para llegar a los estantes donde se encuentran los productos que he ido a buscar. Mi televisión tiene ya cinco años y, cuando la comparo con las de los anuncios publicitarios, me parece igual que la antigua de veinte pulgadas que reemplacé por su joven prima de pantalla panorámica.

Así es la vida en el mundo actual. A las pocas semanas o meses de comprar el *gadget* más sofisticado y de última generación, ya está pasado de moda. La creatividad humana avanza a un ritmo tan brutal que el chisme que nos tenía locos apenas hace unos meses ahora nos parece una antigualla.

Quiero el nuevo, el más rápido, el más ligero. Sin embargo, una vez lo tengo, ¿cambia realmente algo? A veces sí. Mi iPhone me da muchas más satisfacciones que mi primer móvil e infinitamente más diversiones. Eso no me sorprende. Lo que sí me sorprende es cuánto deseo el último modelo, a pesar de que sé que sus prestaciones no son mucho mejores que las del mío. Y aun así quisiera tenerlo. Y hay que ver cómo infravaloramos ese tipo de dispositivos en cuanto los tenemos. Todavía sigo enfadándome cuando voy hablando por el móvil en mi coche o en un tren y paso en una zona sin cobertura. ¿Por qué me tengo que enfadar por eso? ¿Es que el hecho prodigioso de que mi teléfono móvil funcione no es motivo suficiente para despertar mi fascinación?

¿De qué tecnología disponían en 1759? Smith escribe sobre «un palillo de dientes, un escarbaorejas, una tijera para cortar las uñas o cualquier cosa de tal suerte», cosas que podían ser trasportadas en un estuche, la cartera masculina del siglo XVIII. ¡Me entran escalofríos tan sólo de pensar en un escarbaorejas, incluso en el más maravilloso! ¿Y una tijera para cortar uñas? Cortarse las uñas con un cortaúñas debió de representar un avance sustancial.

Smith no podía ni imaginarse ninguno de los artefactos propios del siglo XXI: un robot en una cadena de montaje o una maquinilla de afeitar eléctrica, pero sus observaciones sobre la tecnología son sorprendentemente proféticas. Entendió el deseo de los seres humanos de simplificar las tareas de la vida y hacerlas de forma más rápida; entendió asimismo el poder de seducción de las máquinas y que los escarbaorejas y cortaúñas a veces no cumplen sus promesas de emoción y novedad. Pero aun así los deseamos y no dejamos de buscar el modo de hacerlos más eficaces y elegantes.

Quizá usted opine que no se puede comparar un cortaúñas del siglo XVIII con su iPad o con esa cámara de dieciséis megapíxeles que cabe en un bolsillo, pero el atractivo psicológico que rodea los objetos, en una y otra época, es bastante similar. Hoy en día vivimos en una era tecnológica, pero quizá esa era empezó mucho antes de lo que creemos.

En lo que respecta a la tecnología y los artefactos, Smith señala que nos preocupamos más por su elegancia que por su utilidad real y pone el ejemplo de un reloj que se retrasara dos minutos al día, lo que debía de ser un caso bastante habitual en el siglo XVIII. Smith dice que el propietario de un reloj así podría deshacerse de él y pagar más por un reloj que fuera más preciso. Sin embargo —se lamenta Smith—, tener un nuevo reloj no va a hacer que su propietario sea más puntual. Una persona que se compra un nuevo reloj lo hace sencillamente por tener un aparato superior al otro, no para mejorar su vida:

> Pero la persona muy concienzuda con respecto a este artefacto no siempre es más escrupulosamente puntual que las demás ni está más ansiosamente preocupada en averiguar con precisión, por cualquier otro motivo, la hora exacta. Lo que le interesa no es tanto la consecución de esa información como la perfección de la máquina que sirve para conseguirla.

A continuación, Smith abre fuego a discreción contra los amantes de los aparatos:

> ¡Cuánta gente se arruina por invertir su dinero en chucherías de frívolo propósito! Lo que complace a estos amantes de las bagatelas no es tanto su utilidad como la adecuación de los artefactos preparados para procurarla. Todos sus bolsillos están repletos de pequeños artilugios. Se inventan bolsillos nuevos, ausentes en las ropas de los demás, para poder guardarlos en gran número.

«Todos sus bolsillos están repletos de pequeños artilugios» es una descripción que le va que ni pintada al moderno samurái del mundo de los negocios, que a menudo porta en sus bolsillos un iPhone para uso personal, una Black Berry para los correos electrónicos del trabajo, su cartera, sus auriculares o unos cascos Bluetooth, un bolígrafo —por si las moscas—, un llavero, un *pen drive* y quizá una pequeña cámara de fotos electrónica. ¡Y anhela tener un bolsillo lo suficientemente grande para que le quepan su Kindle o su iPad mini! Al menos las mujeres llevan un bolso para su colección de «chismes». La mayoría de los hombres sólo disponen de sus bolsillos. No sé si hay alguien que los compre, pero existen —o al menos antes los había— unos chalecos con bolsillos específicos para llevar el iPad, dos tipos diferentes de teléfonos móviles y el resto de la consabida parafernalia tecnológica empresarial de hoy en día.

Smith no andaba desencaminado cuando contrastaba el atractivo estético de los artefactos con su utilidad real. Tengo al menos tres aplicaciones en mi iPhone que me muestran el mapa de las estrellas cuando levanto mi móvil y lo dirijo al cielo. No las uso mucho, quizá unas pocas veces al año. Desde luego no necesito tres, pero su belleza me conmueve. Me fijo en el cielo nocturno y veo algo que brilla demasiado para ser una estrella: ¿será un planeta? Me pregunto cuál. Abro una de las aplicaciones astronómicas de mi teléfono y lo dirijo hacia el cielo. ¡Es Júpiter! ¿Por qué me importa esto? Pues no lo sé. Saber que estoy viendo Júpiter no es algo que tenga una utilidad muy clara, pero hay algo sublime en el conocimiento y que mi teléfono me pueda enseñar que es Júpiter y no Venus me proporciona un placer añadido.

Tengo otra aplicación que me permite estudiar lo que pretende ser la secuencia de ADN auténtica del director general de una empresa de secuenciación de ADN. No vale para nada, sólo quiero quedarme asombrado de poder hacerlo y de tener los resultados ahí, en la palma de mi mano. Tengo muchas aplicaciones a las que no les he dedicado más de cinco minutos: me he maravillado con la elegancia de su diseño y no las he vuelto a abrir después. Las compré por su belleza y porque alguien se había estrujado la mollera para que funcionaran.

Quizá Smith se pasa un poco. Es cierto que el deseo por el último grito en tecnología puede ser tan atractivo como destructivo, pero algunos de mis aparatos —esos dispositivos electrónicos con los que estoy encantado— hacen su trabajo excepcionalmente bien. Sí, he tenido cuatro cámaras diferentes en los últimos ocho años, y con cada nueva compra esperaba obtener una cámara mejor con la que hacer mejores fotos, pero lo que me maravillaba de ellas no era que fueran tan pequeñas o lo inteligente que fuera su diseño, lo importante era el resultado: los miles y miles de fotos que pude hacer y compartir.

Un problema real que generan estos artefactos tecnológicos es que pueden llegar a monopolizar nuestras vidas. Mantener las baterías cargadas, no perder los cargadores, los cables y estuches lleva su tiempo. No obstante, el problema real radica en la tentación de pasar más tiempo en el mundo virtual que en el real, buscando compulsivamente el chute de dopamina que da un nuevo correo electrónico en lugar de comunicarnos de una manera más intensa con el ser humano que está a nuestro lado. No estamos solos. Usted acude a una fiesta y se encuentra con que los invitados están vueltos hacia sus *smartphones*. Otro caso es el del hincha deportivo que comprueba la evolución de su equipo de fútbol favorito cada treinta segundos durante una comida familiar de domingo o el de quien se compra un iPad como libro electrónico pero, en lugar de leer, se pasa horas y horas con los juegos incorporados al dispositivo. Así que la tecnología moderna tiene ventajas que Smith no llegó ni a imaginar en su universo de escarbaorejas y estuches de cuero, pero también pasa factura.

Hace doscientos años Smith comprendió que los artefactos y artilugios son un símbolo de nuestro estatus y poder adquisitivo. Esa es otra razón, al margen de su utilidad real, por la que deseamos tener el último modelo de móvil, coche y de todo tipo de objetos en general. Queremos poseer los más resplandecientes y modernos porque es una manera de mostrar al mundo quiénes somos o, al menos, quiénes creemos ser: ellos marcan nuestra posición en el *ranking* del éxito material y la modernidad. Smith creía que el constante anhelo de estar a la última podía, más bien, ser fuente de infelicidad:

> La gran fuente tanto de la desgracia como de los desórdenes de la vida humana brota de la sobrevaloración de la diferencia que media entre una situación permanente y otra.

Muy a menudo la hierba que está al otro lado de la valla nos parece más verde que la nuestra. Nos imaginamos que seríamos más felices con tal de ser más ricos, más famosos o de tener un trabajo mejor. La codicia, la ambición y la vanidad son defectos que, según Smith, acaban generándonos sentimientos de insatisfacción. Otro contrato concluido, otro año más en este deplorable trabajo, otra maniobra tramposa para quedar por delante de un compañero y conseguir el ascenso. Smith llama a esa clase de defectos «pasiones extravagantes» y nos advierte sobre su poder:

> Algunas de estas situaciones son sin duda preferibles a otras pero ninguna de ellas merece ser perseguida con ese ardor apasionado que nos arrastra a quebrantar las reglas de la prudencia o de la justicia, o a corromper la paz futura de nuestras mentes, por la vergüenza del recuerdo de nuestro

> desatino o por el remordimiento ante el horror de nuestra injusticia.

La primera parte de esta cita es clave para entender cuál es la postura de Smith en relación con el dinero, el éxito económico, la ambición y el ego:

> Algunas de estas situaciones son sin duda preferibles a otras, pero ninguna de ellas merece ser perseguida con ese ardor apasionado que nos arrastra a quebrantar las reglas de la prudencia o de la justicia.

Para Smith el dinero y la fama han de ser puestos en perspectiva. Admite que la mayoría de nosotros siempre preferirá tener más dinero que menos. El reconocimiento público es algo agradable, pero no es bueno que nos devoren el afán de consumo o los delirios de grandeza, porque terminaremos violando las normas de la prudencia o la justicia.

Por justicia Smith entiende la virtud de no hacer daño ni perjudicar a los demás. Por prudencia, Smith entiende la virtud de cuidar de uno mismo mediante la previsión —la previsión de las consecuencias ulteriores de nuestros actos— y el autocontrol, la capacidad de renunciar a algo hoy para conseguir una ganancia mayor en el futuro:

> Las cualidades que nos son más provechosas son, ante todo, la razón y la inteligencia en grado superior, que nos capacitan para discernir las consecuencias remotas de todos nuestros actos y para prever la ventaja o desventaja que probablemente resultará de ellos. En segundo término, el autocontrol, por el cual nos abstenemos del placer o soportamos el dolor del presente a fin de obtener un placer mayor o evitar un dolor mayor en el futuro. La unión de ambas cualidades forma la virtud de la prudencia, que de todas las virtudes es la más útil para el individuo.

Para Smith no hay nada malo en lo que nuestros contemporáneos llaman éxito. Es la búsqueda *febril* del éxito lo que corroe el alma a ojos de Smith. Es evidente que la búsqueda constante de riqueza y fama puede arruinarnos la vida, pero si la parafernalia de objetos y el éxito material que acompañan al dinero pueden ser tan destructivos, ¿por qué los perseguimos con tanto ahínco? Y si sólo en contadas ocasiones nos hacen más felices, ¿por qué corremos ese riesgo? ¿Cómo explica Smith el hecho de que persigamos tantas metas insanas?

Una posible respuesta es que sencillamente estamos equivocados o somos unos ignorantes: creemos que ser ricos y famosos nos hará necesariamente más felices, pero Smith observa algo aún más pernicioso obrando en la sombra, y que está arraigado en nuestro deseo de ser estimados y dignos de amor. Recordemos que Smith utiliza la palabra *amor* con un sentido más amplio que el del amor romántico. Cuando dice que queremos ser estimados, quiere decir que queremos que nos presten atención, gustar, ser respetados y honrados; queremos importar, queremos llamar la atención de la gente y que se lleven la mejor impresión posible de nosotros.

Smith subraya que todo el mundo hace caso a las personas ricas, famosas y poderosas, pero no necesariamente a las personas sabias y virtuosas:

> Pero una vez en el mundo pronto nos percatamos de que la sabiduría y la virtud no son en absoluto los únicos objetivos del respeto, como el vicio y la estupidez tampoco lo son del menosprecio. Con frecuencia vemos cómo las atenciones más respetuosas se orientan hacia los ricos y los grandes más intensamente que hacia los sabios y los virtuosos.

A veces pensamos que la fama es una invención moderna surgida de las páginas de las revistas del corazón y propagada por la televisión o por YouTube. Es cierto que nuestros contemporáneos tienen un apego especial a la celebridad. Cada vez más gente dispone de sus quince minutos de fama y las personalidades cuya fama perdura más —las estrellas de cine, los cantantes o los atletas— tienen un nivel de exposición pública que no encontraría parangón en ningún momento del pasado. Sin embargo, no hay nada nuevo bajo el sol, como muy bien entendió el autor del Eclesiastés hace mucho tiempo. La obsesión de las masas por los ricos y famosos es un fenómeno muy antiguo.

Buena parte de la biografía que escribió Leigh Montville sobre Ted Williams es una reflexión acerca del significado de la fama en los años cuarenta y cincuenta y, en el fondo, no era tan distinto a como es ahora. Incluso sin tener cientos de canales deportivos en televisión, incluso sin retrasmisiones radiofónicas, los atletas seguían siendo muy diferentes al común de los mortales de una forma que resulta difícil de comprender.

Montville cuenta que una vez Jimmy Carroll, un amigo de Williams, le pidió prestado el coche —un exclusivo Cadillac *Coupe de Ville*— para una cita. Carroll y su acompañante entraron en el aparcamento de un restaurante y un policía los interpeló. ¿Qué hacía Carroll con el coche de Ted Williams? Por lo visto, todos los policías de Boston conocían el coche de Williams. Después de que Carroll convenciera al agente de que no era un ladrón, el policía le hizo otra pregunta más: ¿podía quedarse dentro del coche mientras Jimmy y su acompañante cenaban? Claro, dijo Carroll. Cuando terminaron de cenar y volvieron al coche, había seis policías sentados en el interior del automóvil. El primero había llamado a cinco compañeros para compartir con ellos la emoción del momento.

¿Y a qué se debe exactamente esa emoción? ¿Cómo la fama puede transformar un objeto inanimado en un glamuroso objeto de deseo? Una cosa es que nos encante nuestro reloj por su precisión, aunque no tengamos ningún interés en ser puntuales, pero ¿querer estar sentados en un coche sólo porque alguien célebre ha estado sentado en él y va a volver a estarlo? ¿O acaso nos emociona estar haciendo algo que muy poca gente puede hacer? ¿Es porque de algún modo se establece un vínculo entre nosotros y alguien excepcional? ¿Es por sentirse cerca de alguien tan querido, adorado y admirado? No hay duda de que parte de la emoción consiste en poder contarle a alguien que has estado sentado en el coche de Ted Williams. Pero, ¿es para tanto?

Algo en nuestro interior siente veneración por aquellos a los que la gente venera. Idolatramos a quienes la gente idolatra y amamos a quienes la gente ama. Se trata de la admiración que sentimos ante la excelencia. Contemplamos proezas asombrosas en Internet sólo por el hecho de que son asombrosas y no podemos ni siquiera imaginarnos cómo las han logrado, aunque se trate de algo tan poco práctico como resolver un cubo de Rubik. Las admiramos porque muestran una pericia desprovista de fines prácticos. Al fin y al cabo, la habilidad para golpear una pelota de béisbol que se mueve de forma imprevisible a más de ciento sesenta kilómetros por hora con un palo de madera en realidad no tiene mucho de práctico. Un buen cirujano cardiovascular debería suscitar mayor admiración, pero nadie querría sentarse en el automóvil de un gran cirujano cardiovascular a no ser que dicho cirujano fuera mundialmente conocido, y quizá ni siquiera en ese caso. Ningún cirujano ha llegado a alcanzar la fama de un LeBron James.[19] La fama tiene algo inefable que nos arrastra hacia ella. Quizá lo que apunta Smith sobre nuestro deseo de ser estimados tenga que ver con la respuesta. De alguna manera, estar cerca de gente que es amada resulta estimulante.

La celebridad era adictiva en los años cuarenta del siglo pasado y también en 1759, en un mundo en el que no había ni televisión, ni radio, ni YouTube. Las observaciones de Smith acerca de los personajes célebres de su época son tan intemporales como las que hace acerca del dinero y los objetos que deseamos poseer. Pero ¿quiénes eran los famosos de su época? Muchos eran nobles o gentes de la corte, personas que habían heredado dinero y notoriedad o que se habían ganado el favor de la nobleza. Algunos fueron contemporáneos suyos; a otros los conocía por los libros de historia. No tenía en gran con-

19 LeBron James (Akron, Ohio, 1984), alias *The King*, *King James* y *The Chosen One*, uno de los más célebres jugadores de baloncesto de los últimos años. Ha jugado en la posición de alero o ala-pívot con los Miami Heat y los Cleveland Cavalliers, y es el alero con más asistencias realizadas en la historia de la NBA. *(N. del t.)*

cepto a quienes habían alcanzado la fama simplemente adulando a los grandes y poderosos. A su juicio, habitaban un universo en el que la cualidad de ser estimable brillaba por su ausencia:

> En las cortes de los príncipes, en los salones de los poderosos, donde el triunfo y la promoción no dependen de la estima de pares inteligentes y bien informados, sino del favor caprichoso y estúpido de unos superiores ignorantes, presuntuosos y soberbios, la adulación y la hipocresía demasiado a menudo predominan sobre el mérito y la capacidad.

Según Smith, el dinero, la fama y el poder resultan deseables por lo mismo: son distintos caminos que pueden llevarnos a conseguir el amor de los demás, a convertirnos en alguien con cierta notoriedad. Lo que nos impulsa a perseguir la riqueza es el reconocimiento que conlleva:

> El hombre rico se congratula de sus riquezas porque siente que ellas naturalmente le atraen la atención del mundo y que los demás están dispuestos a acompañarlo en todas esas emociones agradables que las ventajas de su situación le inspiran con tanta facilidad.

Es todo cuestión de ego y no de lo que realmente puedan aportar el dinero, la fama y el poder:

> Al pensarlo, su corazón se hincha y dilata en su pecho, y aprecia más sus riquezas por tal razón que por todas las demás ventajas que le procuran.

Al escribir sobre gente célebre, personas a las que llama «hombres de rango y distinción», Smith explica por qué la gente quiere ser famosa y por qué los demás les prestamos atención:

> En cambio, todo el mundo observa al hombre de rango y distinción. Todos anhelan contemplarlo y concebir, al menos mediante la simpatía, ese regocijo y exultación que sus circunstancias naturalmente le inspiran. Su conducta es objeto de público escrutinio.

«Todos anhelan contemplarlo y concebir, al menos mediante la simpatía, ese regocijo y exultación que sus circunstancias naturalmente le inspiran.» Lo que nos muestra Smith es que vivimos una existencia vicaria a través de la vida de los famosos. Mediante nuestra imaginación, nos ponemos en su piel y probamos algo de lo que pueden estar sintiendo ellos: su alegría y despreocupación, emociones que nos imaginamos que acompañan esas vidas casi perfectas.

Para entender cómo los ricos y los famosos suscitan amor no hay más que ver el caso que hacemos a sus opiniones, aun cuando no sean expertos ni sepan muy bien lo que dicen. No obstante, aun así los escuchamos. No podemos apartar la vista de ellos:

> Ni una palabra, ni un gesto suyo pasa completamente desapercibido. En una poblada reunión es él quien concentra las miradas de todos; sus pasiones parecen expectantes atendiéndolo, para recibir el ímpetu y la orientación que les imprimirá; y si su comportamiento no es absurdo tiene a cada momento una oportunidad para interesar a los demás y para convertirse en el objetivo de observación y simpatía de todos los que le rodean.

«Y si su comportamiento no es absurdo» nos recuerda que, aun cuando actúe con desfachatez o se luzca con opiniones insostenibles, seguiremos fascinados con la última estrella del rock o del cine.

A juicio de Smith, las atenciones que reciben ricos, famosos y poderosos les resarcen de todos aquellos inconvenientes que conlleva llegar a donde están. Smith continúa escribiendo sobre la incesante atención de la que son objeto los famosos:

> Esto es lo que, a pesar de las limitaciones que impone, a pesar de la pérdida de libertad que entraña, convierte a la grandeza en objeto de envidia, y compensa, en opinión de los seres humanos, todo el esfuerzo, la angustia y las humillaciones que

> deben superarse en su búsqueda; y también, lo que es aún de mayor importancia, todo el ocio, el sosiego y la despreocupación que se pierden para siempre con su adquisición.

Lo que quiere decir Smith en este pasaje es que si uno quiere ser rico, famoso, poderoso y tener éxito, debe renunciar para siempre al ocio, al reposo y a la paz que resulta de la falta de preocupaciones. Tendrá que esforzarse mucho, pasar angustias y «humillaciones» —dolor y vergüenza— para conseguirlo. Tendrá que trabajar mucho y renunciar a la tranquilidad. A cambio, será el centro de atención: la gente querrá saber lo que piensa, le observarán para ver cómo viste, cómo habla y cómo se comporta. Cuando entre en cualquier sitio, todas las miradas se dirigirán a usted. La envidia y la admiración que suscitan los grandes hacen que el precio que haya que pagar por ello merezca la pena, o al menos así lo piensa mucha gente.

Cuando comento este pasaje de Smith con mis alumnos, les pido que, para entender mejor *La teoría de los sentimientos morales,* se imaginen qué pasaría en nuestra clase si dos famosos de primera como Angelina Jolie y Brad Pitt, por ejemplo, se matricularan en nuestro curso. Imaginémonoslos entrando silenciosamente en el aula y sentándose en una esquina, atentos, interesados, prestos a apuntar en sus cuadernos todo lo que les llame la atención. ¿Qué pasaría con la clase? ¿Acaso algún estudiante sería capaz de prestarme la menor atención? Todas las miradas estarían posadas en Brangelina. Y seguramente la mía también. Es difícil comportarse con normalidad en presencia de una persona muy famosa. Hasta los famosos terminan sintiéndose como niños en presencia de otros famosos.

Tenemos en tan alta consideración a los ricos y famosos que nos imaginamos, afirma Smith, que sus vidas son poco menos que perfectas. Los idealizamos hasta el punto de que sus muertes nos resultan extraordinariamente penosas. ¿Por qué? Porque es como una sinfonía perfecta que terminara destruida por una nota discordante que sonase justo antes del final.

> ¡Qué lástima —pensamos— si alguna cosa pudiese estropear y arruinar un marco tan placentero! Podemos incluso ansiar que fuesen inmortales y nos parece riguroso que la muerte deba a la postre poner término a un disfrute tan cabal. Nos parece cruel que la naturaleza los empuje desde sus exaltadas posiciones hasta ese hogar humilde aunque hospitalario que ha previsto para todos sus hijos.

En lugar de limitarnos a envidiar a los ricos y famosos, lo que dice Smith es que imaginamos que se merecen un destino mejor que los demás. De algún modo, deberían ser capaces de sortear a la muerte. Cuando fallecen, nos sentimos como ante un cuento de hadas con un final sombrío, en lugar del cierre perfecto que anhelábamos. No sé si Smith está en lo cierto en lo que se refiere a la causa, pero lo que no se puede negar es que lloramos la muerte de los famosos con una intensidad sorprendente. Pensemos en la princesa Diana, en Elvis Presley, en Whitney Houston: sus muertes provocaron unas efusiones de dolor que no parecían cuadrar con la magnitud de la pérdida. Como señaló Smith, estas efusiones de dolor a menudo eclipsan nuestras reacciones ante las muertes y tragedias de la gente corriente y moliente.

> Cada calamidad que les sobreviene, cada injuria que sufren, excita en el corazón del espectador diez veces más compasión y resentimiento que los que habría sentido si las mismas cosas les hubiesen acaecido a otras personas.

Smith señala que sentimos un amor especial por las personas que ostentan el poder político. En sus tiempos, los personajes políticamente importantes eran los reyes y los lores. En los nuestros hay dictadores a quienes, en apariencia, las masas adoran, e incluso los líderes democráticos acostumbran a ser constantemente alabados, cosa que ni a Smith ni a mí nos parece que merezcan a la vista de sus logros reales. El asesinato de un rey —o de un presidente— parece infinitamente peor que el de una persona normal y corriente:

> El traidor que conspira contra la vida de su monarca es considerado un monstruo peor que cualquier otro asesino. Toda la sangre inocente derramada en las guerras civiles provocó menos indignación que la muerte de Carlos I.

Smith continúa argumentando que al observar cómo reacciona la gente ante los decesos de personajes grandes, famosos y poderosos en comparación con la del resto de los seres humanos, cabría pensar que el dolor y la muerte de los grandes deben producir en ellos una sensación diferente que en los demás:

> Una persona desconocedora de la naturaleza humana, que observase la indiferencia de los hombres ante la miseria de sus inferiores, y la tristeza e indignación que sienten ante las adversidades y sufrimientos de sus superiores, podría imaginarse que el dolor debe atormentar más y las convulsiones de la muerte deben ser más terribles en las personas de alto rango que en las de condición modesta.

Debido a nuestra concepción idealizada de su felicidad e importancia, nos complace, desde el punto de vista de Smith, someternos a los poderosos e incluso tolerar su abusos.

> Incluso cuando el orden social requiere que nos opongamos a ellos, lo hacemos con mucha dificultad.

Pensemos en Chávez o en Castro, o en el modo en que muchos rusos todavía hoy idealizan a Stalin. La gente profesa una admiración a estos monstruos que nos resulta difícil explicar. La razón puede decretar que un rey sea derrocado, pero nuestros corazones lo encuentran difícil de aceptar.

> La doctrina de la razón y la filosofía es que los reyes son servidores del pueblo, deben ser obedecidos, resistidos, depuestos o sancionados según demanda la conveniencia pública; pero no es la doctrina de la naturaleza.

Nos sentimos abrumados por los poderosos e intentamos obtener su favor, incluso si no se manifiesta más que con una mirada amable a cambio de servirles:

> La naturaleza nos instruye para que nos sometamos a su voluntad, temblemos y nos postremos ante su eminencia, consideramos su sonrisa como retribución suficiente para compensar cualquier servicio, y temamos su descontento, aunque ningún otro mal se derive de él, como la humillación más severa.

Smith concluye que es casi imposible que tratemos a los reyes como trataríamos a cualquier otra persona, a no ser que los conozcamos de mucho tiempo atrás:

> El tratarlos en algún sentido como seres de carne y hueso, el argumentar y discutir con ellos en condiciones normales, requiere tanto denuedo que hay muy pocas personas cuya magnanimidad les permita hacerlo, salvo que cuenten además con la ayuda de la familiaridad o el conocimiento personal.

He conocido unos cuantos hombres y mujeres sumamente ricos, he estado cara a cara con senadores, he tratado a algunas estrellas del rock y le he estrechado la mano a Muhammad Alí y al príncipe Carlos de Inglaterra. Todos ellos parecían pertenecer a otra especie. La adoración de la que son objeto les hace brillar con una luz diferente que la que podamos desprender usted y yo. Cuando James Cameron ganó el Óscar a mejor director por *Titanic* y alardeó diciendo: «Soy el rey del mundo», no estaba sólo haciendo una alusión al guión de su película: se había quitado la máscara y nos estaba mostrando su yo verdadero. Estaba proclamando a la audiencia que era digno de atención, de la máxima atención. «Miradme —parecía estar diciendo—. Rendidme pleitesía; he llegado a la cima.»

La droga de la fama debe tener efectos terribles. Una vez uno llega a ser célebre, una vez se ha obtenido no sólo el respeto de las masas, sino también su admiración, los placeres sencillos de la vida ya no deben de proporcionar gran satisfacción:

> Para los que se han acostumbrado a la posesión o incluso la esperanza de la admiración pública, todos los demás placeres se debilitan y decaen. De todos los estadistas depuestos que para su propio solaz han estudiado cómo sacarle a la ambición el mejor partido y cómo despreciar los honores a los que ya no podían acceder, ¡qué pocos lo han conseguido!

Pensemos en esas estrellas del rock ancianas que aún salen de gira en busca del aplauso de su público, incluso cuando este se reduce año tras año. Pensemos en el atleta veterano, que está lejos de su mejor momento y que sigue compitiendo. Cuando Marilyn Monroe regresó a Estados Unidos después de actuar ante las tropas acuarteladas en Corea, le dijo a su esposo: «¡Joe, nunca has oído una ovación igual!». Sólo era una manera de decir que la demostración de júbilo había sido considerable, pero su esposo, Joe DiMaggio, uno de los mejores jugadores de béisbol de la historia, le contestó tranquilamente: «Pues sí, porque la he recibido». ¿Cómo debe de sentirse uno al pisar el estadio todos los días y escuchar ese griterío? Para muchos debe de ser una droga cuya dosis hay que aumentar para seguir experimentando la misma emoción. ¿Alcanzar la fama y el éxito es una bendición o una maldición?

Un amigo mío es padre de un actor de Hollywood. De acuerdo con los criterios de la profesión, se puede decir que ha tenido un éxito increíble: ha conseguido dos o tres papeles con texto en películas importantes de Hollywood, pero eran papeles pequeños, de apenas unas líneas. Con todo, eso le sitúa dentro de un grupo de actores muy selecto con relación al número de los que aspiran a entrar en el reparto de las películas. Seguro que ustedes no han oído hablar de él. Ha salido también en algunas series de televisión, pero no es una estrella. Probablemente esté desilusionado por no haber tenido más éxito, ya que aspiraba al estrellato, y a veces me pregunto si sus padres no comparten esa frustración. ¿Querían que tuviera una vida como la de Brad Pitt? ¿Usted querría ese futuro para usted o para su hijo? ¿Son felices las estrellas de cine? ¿Pueden llevar algo parecido a una vida normal? ¿Pueden tener un matrimonio normal? Sin embargo, como sucede con los entrenadores de la NFL, la fila de gente que hace cola para obtener ese empleo es larga.

Quizá usted piense que le encantaría llevar la vida de Brad Pitt. ¿Qué podría ser mejor? Una esposa hermosa, una enorme fortuna, una fama increíble... Sin embargo, mucha de la gente que ha alcanzado el éxito no parece haber llevado una vida muy feliz. Pensemos en Elvis Presley, en Whitney Houston, en Michael Jackson o en Marilyn Monroe. La emoción desapareció; y ninguna emoción nueva podía compensar eso que se había esfumado para siempre. Poder recordar los éxitos del pasado no les sirvió de consuelo.

Cabría pensar que ser el mejor jugador de golf de la historia, o quizá el segundo mejor y estar en camino de convertirse en el primero, tener a una modelo sueca por esposa y, encima, ser dueño de seiscientos millones de dólares debería proporcionarle a uno algo de satisfacción y felicidad. Por lo visto, esa vida no era suficientemente satisfactoria para Tiger Woods. ¡Terminó siendo perseguido por su esposa con un palo de golf en la mano! No estamos programados para estar satisfechos con lo que tenemos, independientemente de lo mucho que tengamos.

Para Smith, la ambición —el deseo de ser rico o famoso, o ambas cosas— es una especie de veneno que hay que evitar. Una vez que se entra en esa rueda, no hay respiro.

> ¿Está usted fervorosamente resuelto a no trocar nunca su libertad a cambio del servilismo señorial de una corte, y a vivir libre, independiente y sin temor? Parece haber una vía para mantener tan virtuosa decisión, y quizás sólo una.

> No ha de entrar usted jamás al lugar de donde tan pocos han podido regresar, jamás ingrese dentro del círculo de la ambición, nunca se compare con aquellos amos de la tierra que ya han atraído la atención de la mitad del género humano antes que usted.

¿Cómo podemos reconciliar estas observaciones con la propia fama y riqueza que Smith gozó en vida? Si pudiera interrogarle junto a esa chimenea, con un buen whisky escocés en la mano, creo que sé qué me respondería. No es nada malo, diría, sólo que no hay que perseguirlo como un fin en sí mismo. Sea usted humilde, amigo mío. Si puede, haga algo que le guste, algo que le parezca valioso y dese por satisfecho si con eso puede dar de comer a su familia. El resto es un plus.

Mientras escribo esto, un príncipe saudí ha demandado a la revista *Forbes* por situarlo en el puesto veintiséis en su lista de las personas más ricas del mundo. Opinaba que se había tasado a la baja su fortuna y quería que le pusieran en un lugar más alto. ¿Es que el príncipe Alwaleed bin Talal no tiene nada mejor que hacer? Podría intentar sonreír más y lloriquear menos.

Siempre habrá alguien más rico que usted, con más talento o más famoso. ¿Quién es rico?, pregunta el Talmud. Quien es feliz con lo que tiene. Quizá sea más sencillo ser felices con lo que tenemos si somos conscientes de llevar dentro ese anhelo de conquistar la atención ajena identificado por Smith.

Smith nos enseña un camino para alcanzar la satisfacción mejor que el que nos ofrece el mundo para seducirnos. Hay otra forma de ser estimado: perseguir la sabiduría y la bondad en lugar de intentar conquistar la atención de los demás a través de la riqueza, la fama o el poder. Hay dos maneras de conseguir el amor de los otros: satisfacer el deseo que tenemos todos de reconocimiento y ser alguien. La primera vía pasa por la riqueza, la fama y el poder; la segunda por la sabiduría y la virtud.

> Dos modelos distintos, dos retratos diferentes se alzan ante nosotros para que diseñemos nuestro carácter y nuestro proceder; uno es más vistoso y resplandeciente en su colorido, el otro es más propio y más exquisitamente bello en su contorno; uno es a la fuerza noticia para todas las miradas, el otro sólo atrae la atención del observador más solícito y cuidadoso.

El camino empedrado de riqueza, fama y poder es el más llamativo, el que más brilla y el que nos atrae. No obstante, el otro camino es mejor: no es tan llamativo ni lucido, pero aun así resulta exquisitamente bello. En el primer camino todo el mundo se fija en el caminante; si sigue usted el otro camino, el de la sabiduría y la virtud, también será amado y respetado, pero sólo percibirá su presencia «el observador más solícito y cuidadoso». No habrá apenas muestras de júbilo y el público que le admire será mucho menor.

Smith, en su vida personal, se esforzó por ser digno de respeto y admiración. Fue un buen amigo, un buen hijo y un buen profesor. Alcanzó la sabiduría y obró de manera virtuosa. Por todo ello, fue amado, no sólo por los observadores más solícitos y cuidadosos, sino por muchas generaciones posteriores. No obstante, quiero pensar que su inmortalidad no fue planeada ni buscada, fue un plus. Le sobrevino, pero jamás la persiguió. Smith tomó el camino más discreto, el menos transitado.

Podemos hacernos una idea clara de lo que ese camino significó para Smith a partir de una anécdota narrada por su biógrafo, John Rae,[20] acerca de una cena en Londres, en 1787, en casa de Henry Dundas, en Wimbledon Green. Entre los ilustres invitados de esa noche estaban el primer ministro, William Pitt, a quien Rae califica como uno de los «más convencidos discípulos» de Smith y quien, por aquella época, «andaba reformando el sistema fiscal británico con *La riqueza de las naciones* en las manos». Smith no admiraba ni a políticos ni a reyes, pero tenía cierto respeto por los que él llamaba estadistas, y Pitt, como afirmaba el propio Smith, había entendido su obra

20 John Rae, *Life of Adam Smith*, Cosimo Classic Books, Nueva York, 2010 (primera edición Macmillan, Londres, 1895). *(N. del t.)*

mejor que él mismo. También se encontraban presentes dos futuros primeros ministros —William Grenville y Henry Addington—, junto con un ferviente abolicionista, William Wilberforce, cuya causa contaba con el apoyo de Smith. Este último fue uno de los últimos invitados en llegar y todos los presentes se levantaron para darle la bienvenida y permanecieron de pie. Smith les pidió que se sentaran de nuevo, pero Pitt, según se cuenta, replicó: «No, seguiremos de pie hasta que usted se siente, que para eso somos sus discípulos». Sin duda, a Smith debió de agradarle esa muestra de respeto por su condición de persona estimable: una condición que era fruto no de la fama, sino de la sabiduría y la virtud.

Tanto con su libro como con su vida, Smith nos muestra cómo vivir. Busquemos la sabiduría y la virtud. Comportémonos como si un espectador imparcial nos estuviera contemplando: sirvámonos de la idea de un espectador imparcial para vernos desde fuera a nosotros mismos y veámonos como nos ven los demás. Utilicemos esa visión para conocernos a nosotros mismos. Evitemos los cantos de sirena del dinero y la fama, ya que responden a impulsos que jamás se satisfacen.

No resulta tan evidente cómo se alcanza la virtud y enseguida volveremos sobre ello, pero quiero cerrar este capítulo hablando de Peter Buffett, el hombre que acabó vendiendo su paquete de acciones de Berkshire Hathaway por un valor de noventa mil dólares y renunciando a los cien millones de dólares que podría haber ganado a fin de labrarse una carrera como músico.

Hace unos pocos años, en su libro de memorias *Life Is What You Make It,*[21] Peter Buffett reflexionó sobre la decisión de vender su paquete de acciones de Berkshire Hathaway para perseguir su sueño. En él afirma no arrepentirse de nada, pero ¿puede merecer la pena renunciar a cien millones de dólares para ser un músico de éxito? ¿No darían más satisfacciones los cien millones de dólares?

A continuación preguntémonos: ¿qué podría conseguir con el resto de millones? ¿Un coche mejor? Podría tener un Lamborghini *Veneno Roadster* que cuesta cuatro millones de dólares, o un precioso Ferrari *Spider* por trescientos mil dólares; incluso podría tener los dos. Podría tener una mansión en cualquier parte del mundo. Como Onassis, podría tener una o dos islas de su propiedad, en lugar de aguantar la indignidad de viajar a una isla del Mediterráneo —por poner un ejemplo— y verse obligado a compartirla con otras personas y alojarse en un hotel. ¿Podrían todos esos placeres materiales merecer tanto la pena como para sacrificar esa vida de músico con la que soñaba y que terminó por conseguir? Creo que

21 Peter Buffett, *Life Is What You Make It: Find Your Own Path to Fulfillment*, Three Rivers Press, Nueva York, 2010. *(N. del t.)*

Peter Buffett consiguió una ganga. A cambio de cien millones de dólares obtuvo algo tan hermoso —por difícil que sea de imaginar— como una vida plena. Creo que Adam Smith estaría de acuerdo conmigo.

Capítulo 6
Cómo ser dignos de estima

La receta de Smith para ser felices es sencilla. Para sentirnos bien, necesitamos ser a la vez estimados y dignos de estima. Tenemos que ser a la vez respetados y respetables. Tenemos que sentirnos valorados y ser dignos de ello. Tenemos que importarle a otras personas y es necesario que la imagen que tengan de nosotros se corresponda con nuestro verdadero yo: tenemos que ganarnos su respeto, su simpatía y su admiración de forma sincera.

Existen dos formas de ser estimado. Se puede ser rico y famoso, o se puede ser sabio y virtuoso. Smith recomienda optar por la segunda vía, la de la sabiduría y la virtud. Seamos dignos de estima. Así que si queremos ser felices, seamos dignos de estima. Pero, ¿qué significa ser dignos de estima? ¿Qué es la virtud? No es tan sencillo como parece. Smith tiene dos respuestas a la pregunta acerca de cómo ser dignos de estima: cómo ser respetados, admirados y dignos de alabanza. La primera es atenerse a una norma elemental que Smith llama «decoro».

Decoro es una palabra anticuada. Hoy en día hablaríamos de *corrección* o *decencia.* «Comportamiento decente» suena un tanto encorsetado, como de vieja escuela. Ahora bien, lo único que Smith quiere decir con la palabra *decoro* o con la decencia de nuestra conducta es algo que todo el mundo entiende: comportarse con corrección. Y por comportarse con corrección se refiere a estar a la altura de las expectativas de las personas que nos rodean, es decir, a que nos relacionemos con ellas tal como se espera de nosotros, y viceversa.

Cuando yo tenía veintitantos años, pasé un verano en Santiago de Chile investigando temas económicos. Hacia el final de mi estancia, pasé una semana cuidando de la casa de un colega de más edad. Al llegar del trabajo la primera noche, abrí la puerta, me senté en el sofá, puse los pies sobre la mesa y empecé a leer el periódico, disfrutando de aquella vivienda, más grande y lujosa que mi minúsculo apartamento. Para mi sorpresa, de la cocina salió una mujer. Mi colega se había olvidado de decirme que tenía servicio.

Me sonrió y me preguntó algo. Mi español era mediocre, y ella no hablaba una palabra de inglés. No obstante, estaba claro que quería saber qué quería para cenar. Que una desconocida me diera de cenar ya era algo que de por sí me incomodaba. Desde luego no iba a decirle lo que tenía que prepararme. Así que le dije que cualquier cosa que ella hiciera me parecería bien. Ahora le tocaba sentirse incómoda a ella, lo que a mí me desconcertó no menos de lo que mi respuesta la había turbado a ella. Darle la opción de hacer lo que ella quisiera era mi manera de intentar ser agradable. Sin embargo, por el contrario, la había puesto en una situación desacostumbrada y con la que no contaba. Había actuado de manera impropia.

De algún modo logramos acordar lo que me iba a hacer para cenar y ella volvió a la cocina mientras yo regresaba al sofá. Me resultaba extraño que aquella mujer, a la que no conocía y que no trabajaba para mí, me estuviera preparando la cena mientras yo me relajaba en el cuarto de estar. Di otro paso en falso y cometí otra infracción del decoro: fui a la cocina a hacerle compañía. Era un gesto considerado por mi parte, pero había vuelto a prescindir de sus expectativas. Se quedó atónita cuando abrí la puerta y me encontró en su territorio. Se ruborizó. «¿Ocurre algo?», preguntó. «No», le aseguré, y se hizo otro silencio incómodo. Me di cuenta de que había infringido alguna convención social, pero ya que estaba en la cocina conversar parecía lo más indicado, así que lo hice lo mejor que pude.

La conversación tampoco fue bien. Pensé que la música sería un buen tema. ¿Qué clase de música le gustaba a ella? Julio Iglesias y Frank Sinatra. En aquel entonces, a mí no me gustaba ni el uno ni el otro, pero al menos tuve la cortesía de callármelo. (Más tarde me convertí en un gran fan de Sinatra.) Intenté pensar desesperadamente en otra cosa que decir. ¡Deporte! ¿Qué tal el *fútbol*?[22] ¿Le gustaba? Pues sí. ¿Cuál era su equipo favorito? «Coca-cola», dijo. Me preguntó cuál era el mío. «Universidad de Chile», respondí yo. Los amigos que había hecho en el instituto de investigación en el que trabajaba —todos ellos economistas en ciernes— eran seguidores del Universidad de Chile, así que decidí que yo también iba a serlo. Más tarde descubrí que el Coca-cola era el equipo al que apoyaba la gente con menos recursos de Santiago, y que Universidad de Chile era el equipo de los licenciados universitarios.

Mis ansias por reducir la distancia que nos separaba me habían llevado a recordarle nuestras diferencias sociales. Ignorante e inconsciente, había infringido una convención social tras otra. El problema no estaba en mi voluntad de comunicarme con aquella mujer, sino en que ignoraba la forma correcta de hacerlo. Mi intención era buena No fui un maleducado, pero tampoco me com-

22 En castellano en el original. *(N. del t.)*

porté de la manera correcta. En consecuencia, hice que se sintiera muy incómoda. Peor aún: al no cumplir con sus expectativas, compliqué su tarea. La corrección contribuye mucho a hacer la vida más sencilla.

En el siglo XXI, ciertas formas de falta de corrección nos inspiran un respeto poco menos que reverencial. Entren en YouTube y escuchen a Steve Jobs leyendo el texto de su anuncio *Piensa diferente*: «Esto es para locos». Es un homenaje a la ruptura de las reglas convencionales. O pensemos en el propio Jobs, inconformista en tantos aspectos de su vida no sólo íntima, sino también profesional. Vivimos en la era de la ironía, en la que la conducta inconformista, espontánea y contraria a las normas suele estar mejor vista que el comportamiento correcto. Piensen en Muhammad Ali, Madonna y Bob Dylan. Los tres ganaron enormes cantidades de dinero adornando sus talentos con un comportamiento que despreciaba las convenciones. Pero ellos y la gente como ellos son excepciones. Por cada Howard Stern que hay en el mundo, hay muchas más Oprah Winfreys. Por cada Allen Iverson que hay en el mundo, hay muchos más jugadores como Michael Jordan.

La mayoría de nosotros fomentamos un comportamiento correcto y decente en la vida diaria. Decirles a nuestros hijos que este o aquel comportamiento es incorrecto es el mantra contemporáneo de la reprobación paterna. Y si criamos así a nuestros hijos es porque sabemos lo importante que es cumplir con las expectativas de la gente que nos rodea. Enseñamos a nuestros hijos a decir «por favor» y «gracias». Les enseñamos a distinguir entre lo que se dice de puertas hacia dentro y lo que se dice de puertas hacia fuera. Les enseñamos a comer más o menos educadamente. La decencia de comer con la boca cerrada es propia de todo tiempo y lugar.

Como adultos, compartimos un conjunto de normas similares acerca de lo que resulta correcto, nomas en las que rara vez pensamos de manera consciente. Cuando una amiga vuelve de vacaciones, le preguntamos por cómo ha ido el viaje. Cuando vemos que un amigo tiene cara de preocupación, le preguntamos si le sucede algo. Cuando en el metro vemos a un desconocido con cara de preocupación no le preguntamos nada. Ahora bien, cuando vemos que un extraño parece perdido y desorientado, es apropiado ofrecerse a ayudarle. Cuando estés en Roma, haz como los romanos. Cuando estés en Santiago, averigua cuáles son las expectativas de la persona que está empleada en el hogar e intenta cumplirlas.

Vivimos en círculos de intimidad. No tratamos de la misma manera a las personas que nos son cercanas que a aquellas con las que mantenemos una relación más distante. Y con las personas con las que mantenemos una relación más íntima a veces hay expectativas de reciprocidad y otras veces no hay expectativas de ninguna clase. A veces es mejor regalarle flores a mi mujer un martes cualquiera que hacerlo el día de su cumpleaños.

Cumplir con las expectativas de lo que se considera apropiado permite a quienes nos rodean tratar con nosotros de manera efectiva, y lo que es más, con elegancia, estilo y placer. La corrección tiene que ver con que cada uno cumpla con su papel en la sinfonía humana. Puede haber solos e improvisaciones, pero las innovaciones dan mejores resultados cuando se producen de formas previsibles.

Nuestra época es menos formal que la de Smith. En 2014 es correcto que un camarero se nos presente con su nombre de pila. Un candidato puede hacer campaña electoral en vaqueros. Una mujer puede pedirle una cita a un hombre y llevar la iniciativa. Ninguna de estas cosas era correcta en 1759. Hoy en día es admisible andar por ahí con un objeto raro asomando del oído mientras uno habla a la nada. En 1759 eso se habría interpretado como un signo de disfunción social, quizá de demencia. En la actualidad quiere decir que uno está hablando por el móvil. Ahora bien, a pesar de estas diferencias, lo que no ha cambiado es que algunas cosas que son correctas en diversos contextos sociales, en otros son incorrectas.

El discurso de Smith sobre la corrección tiene menos que ver con la moda y la etiqueta que con nuestras emociones y nuestras reacciones ante las emociones de los demás, es decir, con nuestra capacidad para simpatizar o no con las emociones y experiencias de la gente que nos rodea. Su libro, al fin y al cabo, trata sobre nuestros sentimientos morales. Smith presta atención a la forma en que aprobamos o censuramos la conducta ajena en función de si sus reacciones coinciden con las nuestras. Así que si usted se ríe de un chiste que a mí también me parece hilarante, apruebo sus carcajadas; si llora ante una tragedia que también me rompe el corazón a mí, apruebo su llanto. A usted le vuelve loco ese nuevo tema pop y yo tampoco consigo sacármelo de la cabeza: perfecto. Ahora bien, es posible que en otros casos nuestras reacciones no coincidan:

> Si mi animosidad va más allá de la correspondiente con la indignación de mi amigo; si mi aflicción excede lo que puede acompañar su más tierna compasión; si mi admiración es demasiado grande o demasiado pequeña con respecto a la suya; si río a carcajadas y dando grandes voces cuando él apenas sonríe, o, por el contrario, si sólo esbozo una sonrisa cuando él se ríe ruidosamente;...

En esas ocasiones, cuando nuestras reacciones desentonan con las de los demás, dice Smith, censuramos estas últimas. La corrección es una cuestión de armonizar nuestras reacciones con las de las personas que nos rodean.

Esta observación parece excesivamente severa. ¿Tan críticos somos? Si la muerte de mi gato me hace llorar y a usted los gatos le dejan frío, ¿de veras censurará mi reacción? Si yo alabo el tema clásico «He Stopped Loving Her Today», de George Jones, diciendo que es una de las canciones más grandes de todos los tiempos porque al escucharlo siempre me emociona, pero a usted le parece banal y previsible, ¿no deberíamos simplemente encogernos los dos de hombros y decir que sobre gustos no hay nada escrito? A usted le gustan «Los tres chiflados»; yo prefiero a los Hermanos Marx. A usted le gusta Charlie Chaplin; a mí Buster Keaton. A usted le gusta *Dumb & Dumber*, y a mí *El día de la marmota*. ¿Qué problema hay? Vive y deja vivir. ¿De verdad reprobamos las reacciones de los demás y basamos nuestra crítica en nuestras propias reacciones?

Cabría suponer que la presión social para ser tolerantes con el comportamiento de los demás, y desde luego con las preferencias ajenas, refuta la afirmación de Smith. La tolerancia es la gran religión de los tiempos modernos, y todos nos inclinamos ante ella hasta un punto que a Smith le habría sorprendido. No obstante, pese a esa presión por vivir y dejar vivir, a menudo nuestras emociones internas concuerdan con los ejemplos que nos proporciona Smith. Su clarividencia nos ayuda a explicar el extraño fenómeno de esas personas que intentan convencer a otras de que les guste la misma película o canción que les gusta a ellas. Tanto el exceso como la falta excesiva de dolor nos avergüenzan y nos hacen sentir incómodos. Cuando aparece en las noticias un escándalo político y nuestros amigos adoptan una perspectiva diferente a la nuestra, eso nos incomoda y a veces nos irrita.

Cuanto mayor sea la brecha entre mis sentimientos y los de usted, más censuraremos nuestras respectivas reacciones y más incorrectas las consideraremos. La armonía de nuestros sentimientos mutuos nos resulta preferible a la ausencia de armonía. Esta idea de la armonía —que mis reacciones coincidan con las de usted y viceversa— impregna el discurso de Smith en torno a las emociones y el trato social.

La brecha entre mis sentimientos y los suyos resulta mucho más significativa, afirma Smith, cuando esos sentimientos se refieren a individuos, a diferencia de los sentimientos que pueda inspirarnos un poema, una canción o una obra de arte. Para mí es mucho más importante que a usted le caigan bien mis amigos que cuáles sean sus poemas favoritos. Yo quiero que a usted le gusten mis amigos y que deteste a mis enemigos. Con todo, puedo soportar el que a usted no le gusten mis amigos tanto como a mí, e incluso que no sea en absoluto amigo de ellos. Me importa más, dice Smith, que deteste a mis enemigos.

Ahora bien, lo que más nos importa no es la armonía de nuestros gustos artísticos ni la armonía de nuestros gustos en lo que se refiere a nuestros amigos y enemigos. A lo que de verdad aspiro, sostiene Smith, es a que las emociones de usted armonicen con las mías cuando me enfrento a una tragedia o a una dicha. Si estoy intentando lidiar con una tragedia, quiero que usted comparta mi dolor. Según Smith, si usted comparte en cierta medida mi dolor, eso me consolará; cuando empatiza con mi situación de una forma que armoniza con mi reacción, sucede algo extraordinario: usted me alivia de una parte de mi dolor.

Usted sólo puede imaginar mi dolor, pero no puede sentirlo con la misma intensidad. No puede ponerse en mis zapatos emocionales. No somos la misma persona. Usted sólo puede imaginar lo que sería pasar por lo que yo estoy pasando, pues su propia situación, sus propios problemas, sus propios miedos, e incluso sus propios placeres, se interponen. De ahí que lo hagamos lo mejor que podamos.

Prosiguiendo con la metáfora musical, si mi voz es mucho más potente que la suya, nuestro dueto no sonará demasiado bien, porque mi voz ahogará la suya y la suya no realzará la mía. Puesto que sé que no puede compartir mi dolor del mismo modo que yo, modulo mi dolor en su presencia. En lugar de esperar que usted cante con el mismo volumen que yo, soy yo quien baja la voz. A su vez, usted intentará cantar un poco más fuerte. Ajusto mi respuesta emocional a lo que yo considero su nivel potencial de empatía. Eso explica por qué puedo llorar con mayor facilidad delante de mi familia que delante de mis amigos. Y me sentiré menos violento si me echo a llorar delante de mis amigos que delante de desconocidos.

El intercambio emocional es un dueto en el que ajustamos constantemente el volumen de nuestra voz para que coincida con la del prójimo. Cuando sufro, usted se imagina en mi situación y comparte en cierta medida mi tristeza. Noto que se esfuerza por hacer suyo mi dolor. Ahora bien, señala Smith, esto último no se puede lograr tan perfectamente con las emociones como con el canto. Somos humanos. Si sufro una tragedia, el grado en que usted puede compartir mi dolor tiene un límite, del mismo modo que lo tiene el grado en que puedo modular mis reacciones. Ahora bien, cuanto más se aproxime la intensidad de nuestras reacciones, mayor será mi consuelo. Eso me incita a rebajar la intensidad de mi reacción y a usted a aumentar la de la suya:

> Su único consuelo estriba en verificar que en las pasiones violentas y desagradables las emociones de sus corazones palpitan en todos los aspectos al unísono con el suyo. Pero sólo se puede alcanzar si rebaja sus pasiones hasta el punto en que los espectadores pueden acompañarlo.

Para captar la idea de esta coincidencia mutua en intensidad emocional, Smith recurre a una metáfora musical, la de matizar la agudeza de una nota para producir armonía. Pide permiso al lector para emplearla:

> Debe embotar, si se me permite la expresión, el filo de su tono natural y reducirlo para que armonice y encaje con las emociones de quienes le rodean.

Así se esfuerza por enfriar su pasión quien sufre. Los espectadores, mediante la compasión, intentan compartir el dolor de quien padece, pero son incapaces de hacerlo. Sencillamente no se trata de la misma experiencia:

> Lo que ellos sienten será en verdad siempre diferente de lo que siente él, en algunos aspectos, y la compasión nunca podrá ser idéntica al dolor original, porque la conciencia secreta de que el cambio de situaciones del que surge el sentimiento de simpatía es simple imaginación no sólo lo atenúa en intensidad, sino que además en cierto sentido modifica su carácter y lo vuelve algo bastante diferente.

Ahora bien, la coincidencia no basta para consolar a quien sufre. Smith recurre de nuevo a la metáfora musical:

> Es evidente, sin embargo, que estos dos sentimientos pueden tener recíprocamente la correspondencia suficiente

> para la armonía en la sociedad. Nunca serán idénticos pero pueden ser concordantes, y no se necesita o requiere más que eso.

En música, cuando dos notas son exactamente iguales decimos que se produce un unísono. Si son diferentes pero no obstante suenan bien juntas, se dice que son concordantes. La concordancia es lo máximo a lo que cabe aspirar. El resultado es la armonía, que consuela a quienes sufren y que permite a quienes les consuelan amortiguar ese sufrimiento.

El análisis de la música del sufrimiento por parte de Smith explica por qué moderamos tanto nuestro dolor en presencia de los extraños, o incluso en presencia de conocidos y de algunos amigos. Si usted no me conoce bien o no me conoce en absoluto, su capacidad de sintonizar con mi dolor será mucho menor que si somos amigos o parientes. De ahí que reduzca mucho el nivel de mi dolor, consciente de que su capacidad de sintonizar conmigo es muy limitada.

Desde el punto de vista de Smith, la compañía de un amigo puede disipar nuestro dolor:

> La mente, en consecuencia, raramente se halla tan perturbada que la compañía de un amigo no le restituya cierto grado de tranquilidad y sosiego. En alguna medida, nues-

> tro pecho se calma y apacigua en el momento en que llegamos a su presencia.

El modo en que esto ocurre resulta bastante extraordinario:

> Somos inmediatamente conscientes del ángulo desde el que se analizará nuestra posición, y empezamos a verla de la misma manera nosotros mismos; porque el efecto de la identificación es instantáneo.

Parte del consuelo que nos proporciona un amigo procede de ver nuestro dolor a través de sus ojos. Puesto que el amigo sufre menos que nosotros, nosotros también sufrimos menos. Observamos a nuestro amigo mientras él nos observa, y poder vernos a través de él hace que nuestra tragedia pierda gravedad. Eso es un amigo: el siguiente nivel es el de los conocidos, y finalmente está el de los extraños. A medida que nos vamos apartando cada vez más del círculo de los amigos o de los seres queridos, nos damos cuenta de que quienes nos rodean sólo simpatizan moderadamente con nuestra situación:

> Esperamos menos simpatía de un simple conocido que de un amigo: no podemos descubrir ante el primero todos los pequeños pormenores que podemos revelar al segun-

> do, por ello experimentamos una tranquilidad mayor ante aquél y procuramos concentrar nuestros pensamientos en aquellas líneas generales de nuestra situación que él está dispuesto a considerar. Esperamos menos simpatía aún de un grupo de extraños y por eso adoptamos ante ellos una tranquilidad todavía mayor e invariablemente intentamos amortiguar nuestra pasión hasta el límite al que esa puede esperarse que la compañía concreta en la que nos encontramos sea capaz de seguirnos.

A continuación, Smith hace una afirmación un tanto extraordinaria, a saber, que puesto que los extraños sienten nuestro dolor con menor intensidad que los conocidos, quienes a su vez sienten nuestro dolor con menor intensidad que los amigos o los seres queridos, estar rodeados de extraños nos ayudará a recobrar el equilibrio emocional de forma aún más eficaz que estar acompañados por un amigo.

> No se trata de que finjamos: si realmente tenemos control de nosotros mismos la presencia de un simple conocido nos procurará algún sosiego, más que la de un amigo; y la de un grupo de extraños más que la de un conocido.

Dicho de otro modo, cuando después de pasar una prueba emocional recobramos la compostura ante un grupo de extraños, no solamente estamos poniendo al mal tiempo buena cara. Realmente nos sentimos mejor. El sosiego relativo del extraño, que éste nos transmite debido a su incapacidad de simpatizar plenamente con nuestra situación, ejerce un efecto beneficioso y palpable.

Dicho efecto puede constatarse prácticamente en la vida contemporánea cuando discutimos con alguien de nuestra familia. Cada vez nos acaloramos más y nos damos cuenta de que estamos empezando a enfadarnos de verdad. Y lo mismo le ocurre a la otra persona. Entonces suena el teléfono móvil. Miramos el identificador de llamadas y vemos que se trata de un compañero de trabajo que debe entregar algo en un plazo muy ajustado y al que prometimos ayudar. Cuando le saludamos, lo hacemos con un tono de voz normal. Toda la ira acumulada durante la discusión desaparece. ¿Cómo es posible? No es consciente, pero la llamada de teléfono del colega de trabajo apaga nuestra ira. Antes no estábamos fingiendo el enfado, y tampoco fingimos tranquilidad cuando contestamos al teléfono. Nos hemos calmado de verdad.

Mi tatarabuela, que debió de nacer en torno a 1870, le dijo a mi padre que si alguna vez se sentía abatido o deprimido saliera al campo y le contara sus problemas a una piedra. Abraham Lincoln acostumbraba a escribir airadas letras de recriminación a sus generales y luego las guardaba en un cajón sin enviárselas. A veces es bueno quitarse un peso de encima sin que nadie más lo sepa. Uno de los mejores consejos que recibí jamás fue el de aguantarme los enfados durante un día entero antes de actuar dejándome llevar por ellos. El mero paso del tiempo atenúa la emoción y puede evitar que digamos o hagamos algo estúpido —o lo que es peor aún, destructivo— que inevitablemente acabaremos lamentando.

Lo que dice Smith de nuestras emociones nos da otra perspectiva para entender estas ideas. Hablar con una piedra o escribirle a alguien una carta que nunca leerá es una forma de sacar partido a las observaciones de Smith acerca del papel de los extraños. ¿Qué puede ser menos empático que una piedra o el cajón de archivador que alberga una carta no enviada? (¿O, en nuestra época, guardar un correo electrónico en la carpeta de «borradores»?) Quizá el valor de estas prácticas no sólo resida en expresar la emoción, sino en expresársela a alguien o algo que no es empático en absoluto.

Del mismo modo en que resulta conveniente expresar nuestra ira o nuestro dolor de formas diferentes a lo largo y ancho del espectro de la intimidad, que abarca desde los extraños a las amistades íntimas, lo mismo hacemos con la alegría. Supongamos que obtenemos un ascenso o un aumento de sueldo, que recibimos una felicitación por un trabajo o nos aceptan una propuesta. Se hace difícil esperar a llegar a casa para contárselo a nuestra pareja. Al salir del metro, nos encontramos con una vecina, una amiga a la que vemos de vez en cuando en actos escolares y con la que disfrutamos contándonos las novedades. Ella nos pregunta qué hay de nuevo. Aunque nos entren ganas de ponernos a cantar y bailar, y decirle: «¡Mi propuesta ha sido aceptada! ¡He ganado el concurso!», no lo haremos. Sería un comportamiento inapropiado. No tenemos suficiente confianza con nuestra vecina. Por el contrario, intentamos que nuestra expresión no delate la euforia que sentimos. Nos guardamos la canción para nuestros adentros, nos limitamos a sonreír y decimos: «Todo muy bien, ¿y tú qué tal?». Sin embargo, cuando vemos a nuestra pareja, ya no podemos contenernos y nos fundimos con ella en un abrazo, radiantes de alegría. Compartimos los mayores éxitos y alegrías de la vida con nuestra pareja, con nuestros padres y con nuestras amistades más íntimas. Pero incluso a las personas más cercanas a nosotros puede resultarles difícil experimentar nuestra alegría con la misma intensidad.

Smith señala varias diferencias entre cómo respondemos ante el dolor y la alegría experimentados por los demás:

> Existe asimismo una diferencia entre el pesar y el gozo: estamos generalmente más dispuestos a simpatizar con pequeñas alegrías y grandes pesadumbres.

Así pues, cuando usted tiene cierto éxito, yo me alegro. Pero si usted tiene un gran éxito repentino, es posible que me cueste alegrarme. Incluso puede que haga su aparición el fantasma de la envidia.

> La persona que gracias a un súbito golpe de suerte, pasa de pronto a un nivel de vida muy superior al que tenía antes puede estar segura de que las felicitaciones de todos sus mejores amigos no son todas ellas completamente sinceras.

El escritor Gore Vidal lo expresó de una manera un poco más brusca: «Cada vez que un amigo tiene éxito, me muero un poco». Lo que Smith viene a decirnos es que aquel que tenga un gran éxito repentino se dará cuenta de que la envidia dificulta que otras personas compartan su alegría. Un hombre exitoso se guardará para sí sus ganas de proclamar su buena fortuna. Se esforzará por aparentar humildad, seguramente sin lograrlo, pero al menos lo intentará.

Las pequeñas alegrías del día a día, afirma Smith —el buen humor y la gente que acostumbra a estar de buen talante— evocan en nosotros estados de ánimo positivos y una sensación general de alegría que resulta fácil compartir con nuestros amigos y conocidos, que a su vez suelen gratificarnos con idénticos sentimientos. Nuestros grandes éxitos sólo los compartimos con nuestros mejores amigos y con nuestra familia.

Ahora bien, cuando se trata del dolor, el alivio de compartir se produce en la dirección opuesta. Nos resulta más fácil compartir tragedias con extraños que compartir aquello que Smith denomina los «pequeños contratiempos». No simpatizamos con las personas a las que enojan fácilmente esos pequeños contratiempos. Smith elabora una fabulosa lista del catálogo de quejas del «Jeremías», aquel que no deja de lamentarse, sea de la ineptitud de su cocinero, de la grosería de un colega, de las complicaciones que acarrean los viajes, de la falta de sol durante una excursión campestre, o mi favorita, del familiar que no presta plena atención cuando se le narra una historia:

> El hombre que se inquieta ante cualquier incidente incómodo, que se ofende si el cocinero o el mayordomo incumplen la fracción más irrelevante de sus tareas, que graba cada defecto en el más conspicuo ceremonial de la urbanidad, sea que le afecte a él mismo o a cualquier otra persona, que toma a mal que un amigo íntimo no le diga buenos días cuando le ve por la mañana o que su hermano silbe una tonada cuando él está contando algo, a quien saca de sus casillas el mal tiempo cuando está en el campo, o el estado de las carreteras cuando va de viaje, o la falta de compañía y el tedio de todas las diversiones públicas cuando está en la ciudad; un hombre así, aunque pueda tener sus razones, rara vez se topará con mucha simpatía.

Y las cosas son incluso un poco peores, advierte Smith. No sólo nos cuesta simpatizar con esos pequeños contratiempos —con eso que podríamos denominar fastidios—, sino que con frecuencia tendemos a considerarlos como algo humorístico y divertido.

> Asimismo, hay en los seres humanos una malicia que no sólo bloquea la simpatía ante pequeñas molestias, sino que las vuelve incluso divertidas.

Dada esa falta de simpatía, Smith dice que es habitual que la gente disimule sus emociones a fin de ocultar su irritación o su enojo ante pequeñas molestias e incluso que se ría de sí misma burlándose de lo que ha tenido que soportar. No buscamos simpatía en ese tipo de situaciones. Nos reímos de lo que hemos pasado, adelantándonos así a nuestros amigos y mostrando que tales «contratiempos» no significan nada para nosotros, dando a entender que estamos hechos de otra pasta. Algunas de mis historias favoritas son las que me cuenta mi hermano acerca de sus problemas cuando sale de viaje. En lugar de quejarse, los convierte en monólogos humorísticos.

Ahora bien, lo que Smith denomina la «profunda aflicción» de nuestros vecinos evoca en nosotros una simpatía honda y sincera. Para dejar claro su punto de vista, Smith señala que un libro, una obra de teatro (o una película) pueden hacernos llorar pese a que sepamos que la tragedia no es real. Una gran obra de arte (e incluso a veces una obra de arte *kitsch*) puede provocar en nosotros la simpatía natural que nos suscitan las tragedias reales. Las tragedias auténticas provocan una reacción aún más enérgica, sobre todo cuando las sufren nuestros seres queridos. Compartir el propio dolor engendra simpatía y consuelo. Ahora bien, si nuestra amante nos ha dejado plantados, dice Smith, es mejor tomárselo con humor y entretener un poco a nuestros amigos con el relato de nuestra discreta desgracia.

El ejemplo de Smith acerca de cómo lidiar con un amigo al que su amante le ha dejado plantado subraya a la perfección hasta qué punto puede llegar a ser diferente la corrección en distintas épocas y culturas. A Smith le habría desconcertado nuestra cultura informal. Con todo, lo cierto es que yo no logro imaginarme a un amigote quejándose en público de que su amante lo ha dejado plantado. Vivimos en tiempos tolerantes, pero en los círculos en los que yo me muevo al menos, las amantes, se hayan dado a la fuga o no, no constituyen un tema de conversación apropiado para las charlas junto a la máquina del café.

Si bien la primera asimetría que identifica Smith es que nos resulta más fácil simpatizar con las pequeñas alegrías y los grandes pesares, también nuestra reacción emocional ante las alegrías y los pesares es desigual. Smith dice que solemos simpatizar más con la alegría que con el dolor. En una boda experimentamos una alegría mucho mayor que la tristeza que podemos experimentar durante un funeral. En un funeral, nuestra tristeza «no pasa por regla general de una seriedad artificial», dice Smith. Pero en una boda nos alegramos sinceramente por la pareja. Incluso, sostiene Smith, podemos llegar a sentirnos tan felices como ellos, al menos en ese momento:

> Cuando felicitamos cordialmente a nuestros amigos, lo que para la desgracia de la naturaleza humana hacemos rara vez, su alegría se transforma literalmente en la nuestra: por un momento estamos tan contentos como lo están ellos, nuestro corazón se hincha y desborda de auténtico placer, el regocijo y la complacencia relampaguean en nuestros ojos y animan cada faceta de nuestro semblante y cada ademán de nuestro cuerpo.

Sin embargo, cuando ofrecemos nuestras condolencias a nuestros amigos, no podemos experimentar sus emociones con la misma intensidad:

> Por otro lado, cuando consolamos a nuestros amigos por sus aflicciones, ¡qué poco sentimos en comparación a lo

> que sienten ellos! Nos sentamos a su lado, los miramos y mientras nos relatan los detalles de su infortunio les escuchamos con seriedad y atención.

Cuando a un amigo le rompen el corazón, no podemos experimentar sus emociones con la misma intensidad. Smith dice que como nos sentimos mal por no poder simpatizar de manera efectiva, intentamos establecer artificialmente un sentimiento de simpatía. Sin embargo, aun en el caso de que lo logremos, ese sentimiento desaparece con rapidez.

Pero cuando su narración es a cada instante interrumpida por esos brotes naturales de pasión que a menudo parecen casi asfixiarlos, ¡qué lejos están las lánguidas emociones de nuestros corazones de ajustarse a los raptos de las suyas! Podemos ser conscientes al mismo tiempo de que su pasión es natural y no mayor que la que nosotros mismos experimentaríamos en un contexto análogo. Puede que incluso nos reprochemos en nuestro fuero íntimo a causa de nuestra falta de sensibilidad y quizá por ello nos desplacemos hacia una simpatía artificial que además cuando emerge es invariablemente la más ligera y transitoria que imaginarse pueda, y generalmente, cuando abandonamos la habitación se esfuma y desaparece para siempre.

Pese a la naturaleza transitoria de nuestra simpatía por el sufrimiento ajeno, Smith concluye que nos preocupamos por los demás en la justa medida. Si nos preocupáramos más, la vida nos resultaría difícilmente soportable. Si lo hiciéramos menos, seríamos incapaces de consolar a nuestros amigos en los momentos difíciles:

> Pareciera que la naturaleza, cuando nos cargó con nuestros propios pesares, consideró que ya eran suficientes, y por tanto no nos ordenó que incorporásemos una cuota adicional de los dolores ajenos más allá de lo necesario para impulsarnos a aliviarlos.

Tenemos suficientes problemas propios. Hacernos cargo plenamente de los sufrimientos ajenos sería demasiado duro. Nuestra capacidad de simpatizar con los demás tiene sus límites. Ahora bien, esa capacidad limitada basta para consolarles.

Pocos días antes de que yo redactara este capítulo, un buen amigo me dijo que un primo suyo al que quería mucho estaba en las últimas. Eran muy íntimos, y aquel primo era unos de los últimos miembros de su generación a los que conocía bien. Me di cuenta de lo apenado que estaba mi amigo y empaticé con su dolor. Estoy seguro de que mi semblante era grave. Le puse la mano sobre el hombro y le dije lo triste que me sentía por él. Le pedí que me mantuviera al tanto del estado de salud de su primo. De verdad lo sentía por mi amigo. Compartía su dolor en un grado suficiente como para encontrarme abatido. Sentía tristeza por él, pero no era un dolor que experimentara como propio. Como apunta Smith, me olvidé rápidamente de la aflicción de mi amigo, más allá de comentarlo con mi mujer. Unas pocas semanas antes, ese mismo amigo había tenido un gran éxito que había compartido conmigo. Me sentí feliz por él. En aquella ocasión, su éxito me había puesto realmente de buen humor. No sólo me sentía feliz por él; me sentía feliz, punto.

La asimetría de la alegría y la tristeza —la facilidad con la que empatizamos con el éxito en contraste con nuestra dificultad para empatizar con el fracaso— es la forma que tiene Smith de explicar por qué prestamos más atención a los ricos y famosos que a los pobres y olvidados. Disfrutamos con los éxitos de los ricos y famosos, pero en cambio, los pobres y olvidados nos conmueven de manera breve y superficial. Según Smith, esto es lo que explica que los ricos hagan ostentación de su riqueza y que los pobres disimulen sus carencias:

> Como los seres humanos están dispuestos a simpatizar más completamente con nuestra dicha que con nuestro pesar, hacemos ostentación de nuestra riqueza y ocultamos nuestra pobreza. No es más humillante que vernos forzados a

> exhibir nuestra miseria a los ojos del público y sentir que aunque nuestra situación es visible para todo el mundo, nadie se hace una idea ni de la mitad de lo que sufrimos. En realidad, es fundamentalmente en consideración a esos sentimientos de los demás que perseguimos la riqueza y eludimos la pobreza.

Las observaciones de Smith acerca de cómo nos relacionamos con los demás en circunstancias tristes o alegres tienen más que ver con lo que somos —con la naturaleza humana— que con cómo deberíamos comportarnos. Lo que Smith está diciendo es que existen diferencias fundamentales en nuestra capacidad de simpatizar con quienes nos rodean. A medida que pasamos de sintonizar con las emociones de los amigos íntimos a las de los extraños, comprobamos que la simpatía tiene límites. No experimentamos los grandes pesares de igual modo que las grandes alegrías. La alegría ajena puede hacernos felices, siempre y cuando no seamos envidiosos. El dolor ajeno tiene efectos mucho más limitados, incluso tratándose de amistades íntimas.

¿Cómo se concretan estas lecciones en lo que a la corrección se refiere? Todos diferimos en lo que atañe a nuestra capacidad de procesar signos sociales. Alguna gente lo hace apenas sin esfuerzo; a otras personas les resulta difícil. Por volver a la metáfora musical de Smith, hay quien tiene un oído musical perfecto, y hay quien no tiene oído en absoluto. Cuando obtenemos un gran éxito, ¿lo compartimos con alguien que no lo podrá disfrutar porque un posible éxito suyo se le escapó? Esa persona será incapaz de disfrutar de nuestro éxito. Le causará dolor. Cuando alguien sufre, ¿superamos nuestra indiferencia natural para que sepan que nos identificamos con su tristeza? Cuando somos nosotros los que sufrimos, ¿compartimos una emoción excesiva con alguien que sencillamente es incapaz de soportarla?

Smith nos está contando lo que pueden soportar otros, lo que otros pueden compartir y lo que resulta apropiado compartir, así como lo que resulta conveniente decir en función de las reacciones de quienes nos rodean. Nos está sensibilizando ante nuestras propias imperfecciones y sugiriendo lo que podríamos hacer para superar las limitaciones en nuestros intercambios emocionales. Pocos de nosotros estamos dotados con un oído musical perfecto. Smith nos está ayudando a encontrar el tono más indicado para escuchar a nuestros amigos y para que ellos nos escuchen a nosotros. Nos está diciendo lo que es apropiado en nuestros intercambios emocionales con amigos íntimos, conocidos y extraños.

Comportarse con corrección es la capacidad de ajustarse a las expectativas de quienes nos rodean para que ellos se ajusten a su vez a las nuestras. Cuando nos ajustamos a esas expectativas, permitimos a quienes nos rodean confiar en nosotros. Esa confianza nos permite compartir mutuamente nuestras emociones con el nivel apropiado de intensidad para los distintos círculos de intimidad que habitamos. Ese es el comienzo de la amabilidad, y así empezamos a ganarnos el respeto de quienes nos rodean, además de respetarnos a nosotros mismos.

Conducirse con corrección es uno de los criterios de lo que Smith llamaría ser un caballero. La corrección —es decir, comportarse con propiedad— nos granjea la aprobación de las personas que nos rodean, dice Smith. Ahora bien, la corrección no se admira ni se celebra. Para ser admirados y celebrados, necesitamos ser virtuosos.

Capítulo 7
Cómo ser buenos

Smith nos anima a ser virtuosos como la mejor manera de llegar a ser estimados. Ahora bien, ¿qué entiende exactamente Smith por virtud? Smith considera la virtud como una cualidad multifacética, pero con tres grandes vertientes que son la prudencia, la justicia y la benevolencia. Esos son los atributos que nos hacen dignos de amor, pues llevan a quienes nos rodean a respetarnos y admirarnos, lo que a su vez nos lleva a ser amados.

¿Qué quiere decir Smith con prudencia, justicia y benevolencia? Según Smith, ser prudente significa, en términos contemporáneos, cuidar de uno mismo; ser justo, no hacer daño a los demás; y ser benevolente, ser bueno con los demás. No es un mal trío para plantearse cómo vivir una vida plena. Seamos buenos con nosotros mismos y con los demás. Se es bueno con los demás no haciéndoles daño y ayudándoles siempre que podamos.

Actualmente, asociamos la prudencia a no actuar de forma temeraria. Ahora bien, Smith la entiende de una forma mucho más amplia. Significa cuidar de uno mismo en el pleno sentido de la expresión «cuidar». Según Smith, la prudencia significa todo lo que abarca el comportamiento individual, el cuidado «sabio y juicioso» de la salud, la fortuna y la reputación. Por tanto, el hombre prudente contemporáneo no fuma. Se mantiene físicamente activo y controla su peso. Trabaja mucho y evita endeudarse. Recela de los planes para hacerse rico rápidamente. Por mi parte, añadiría que prefiere fondos de inversión basados en índices de bolsa a fondos gestionados o a ir comprando y vendiendo acciones diversas. En resumidas cuentas, renuncia al potencial de ganar mucho en bolsa para evitar pillarse los dedos.

Pero, ¿cómo cuida el hombre prudente de su reputación? Los consejos de Smith son intemporales, pero resultan algo difíciles de comprender desde la sensibilidad contemporánea.

El hombre prudente, dice Smith, es sincero y honrado. Al mismo tiempo, no es invariablemente franco y abierto; igual que se muestra cauteloso en sus acciones, también es reservado en sus palabras. No se lanza precipitadamente a opinar en todos los debates. Es un buen amigo, pero evita que sus relaciones sean melodramáticas. Su amistad es «una relación sosegada, pero firme y fiel, con un reducido grupo de compañeros bien probados y seleccionados»; elige a sus amistades no en función de que «queden bien» o de que posean un historial impresionante de triunfos, sino en función de su «sobria estimación de la modestia, la discreción y el buen comportamiento».

El hombre prudente no es un juerguista: «Rara vez frecuenta y menos aún forma parte de esos grupos simpáticos caracterizados por la jovialidad y alegría de sus tertulias». Semejante ambiente social «puede interferir demasiado con la regularidad de su templanza, puede interrumpir la constancia de su laboriosidad o quebrar el rigor de su frugalidad». Si uno asiste a demasiadas fiestas, acabará marchándose del trabajo antes de tiempo o gastando demasiado dinero en ropa o en la botella de vino con la que obsequia a su anfitrión.

El hombre prudente se esfuerza por ser inofensivo. Jamás es grosero. Sacrifica la comodidad y el placer de hoy por una mayor comodidad y placer mañana. Sacrifica lo que desea ahora por lo que más desea. Se ocupa de sus propios asuntos y no le gusta entrometerse en asuntos ajenos. No obtiene placer alguno en dirigir la vida de otras personas o de atribuirse el mérito por hacerlo. Cuando se le llama a hacerlo, sirve a su país, pero no intrigará para acceder a cargos públicos. No tiene inconveniente en dejar gobernar a otros. «En el fondo de su corazón prefiere disfrutar apaciblemente de una tranquilidad segura antes no sólo que el esplendor vano de la ambición triunfadora, sino también que la gloria genuina y sólida de ejecutar las acciones más egregias y magnánimas.»

Dicho todo eso en el ámbito de la política y de la esfera pública, Smith admite más adelante que existe una «conducta sabia y juiciosa» que va más allá del individuo. Los generales, legisladores y estadistas prudentes tienen el potencial de combinar la fiabilidad constante de la prudencia «con muchas virtudes mayores y más espléndidas», como el valor, la benevolencia o el respeto por las normas de la justicia. Luego «necesariamente supone la mayor perfección de todas las virtudes intelectuales y morales. Es la unión de la mejor "cabeza" con el mejor "corazón". Es la combinación de la más perfecta sabiduría con la más perfecta virtud».

De todos los atributos de la prudencia que analiza Smith, mi favorito es el modo en que el hombre prudente trata sus dones intelectuales:

> El individuo prudente siempre estudia seria y celosamente para comprender aquello que profesa comprender, y no meramente para persuadir a los demás de lo que entiende, y aunque sus talentos no siempre son sumamente brillantes, sí son siempre totalmente auténticos.

El hombre prudente es sincero. Es modesto en lo referente a sus capacidades y sus éxitos. Una forma más sencilla de entender el consejo de Smith sería esta: «Hablar poco, hacer mucho».

> No pretenderá embaucarlo a usted con los solapados ardides de un astuto impostor, ni las ínfulas arrogantes de un pedante presuntuoso, ni las confiadas aseveraciones de un pretencioso superficial e imprudente. No hace ostentación ni de las habilidades que realmente posee. Su conversación es sencilla y modesta, y rechaza todos los artificios de la charlatanería mediante los cuales otras personas tan repetidamente se abren camino hacia la notoriedad y la fama.

Desconozco cuáles eran los vericuetos del autobombo en tiempos de Smith. Hoy en día, recurrimos a Twitter y a Facebook, así como a los blogs y a diversos ardides publicitarios para atraer la atención sobre nuestros productos, nuestras ideas y nuestras personas. ¿Carecen de virtud —vista su imprudencia— estos artificios de la charlatanería? No cabe duda de que el constante autobombo puede resultar ridículo. Y el narcisismo de nuestra época seguramente supera los peores excesos de la de Smith, lo que enfrenta al hombre y a la mujer contemporáneos a un reto: ¿cómo mantener la dignidad en un mundo cada vez más carente de ella?

Según Google, en el mundo hay unos ciento treinta millones de libros. Si quiero que la gente lea el mío, alguien tiene que batir un tambor, agitar una bandera o hacer alguna clase de claqué electrónico para que la gente se fije en él. Hay que enviar *tweets*, bloguear y exagerar las virtudes de lo que uno vende, sea la última marca de agua con nuevos sabores o algo presuntamente más próximo al ámbito de la sabiduría. ¿Qué se puede hacer? Lo mejor que cabe hacer es sacar partido de las modernas redes sociales, pero de la manera menos demagógica posible.

La mayor parte de la gente considera el autobombo degradante. O al menos cree que así debería ser considerado, de manera que cuando alguien cita en su blog un libro suyo lo decribe como «autobombo desvergonzado» para mostrar que se da cuenta de que lo que están haciendo es un tanto censurable. Cuando uno dice «mírame» es difícil fingir que está diciendo otra cosa. Conservar la dignidad se convierte en una cuestión de estilo y de equilibrio. Todo se resume en cómo decir «mírame» de la forma más prudente y digna. Empecemos por no mentir ni maquillar la realidad. No exageremos nuestros logros ni nuestro currículum. No presumamos de un título que no poseemos ni de un acto heroico que no realizamos.

Conocer nuestro público ayuda. La Regla de Hierro del Yo afirma que la gente nos presta menos atención de la que nosotros nos prestamos a nosotros mismos. Quizá eso nos lleve a pensar que para obtener la atención de la gente hay que incordiarla a tope. Puede ser. Ahora bien, a la mayoría de la gente no le gusta que la incordien. Una vez escuché a un cómico hablar de cómo lidiaba con la compañía de su tarjeta de crédito, que no paraba de enviarle avisos definitivos y amenazas de cancelación. Les dijo: «Escuchadme, compañía de tarjetas de crédito, no puedo pagar todas mis facturas, así que cada mes las echo todas dentro de un sombrero, saco unas cuantas y las pago. Como vosotros no paráis de incordiarme, voy a dejar hasta de meter las vuestras en el sombrero». Si incordiamos a alguien excesivamente por correo electrónico, dejarán de meternos en el sombrero. Simplemente nos calificarán de *spam* y listos.

A aquellas personas que disfrutan siendo el centro de atención y haciéndose autobombo les va mejor cuando reconocen ese rasgo suyo e intentan no aprovechar todas y cada una de las oportunidades que tienen para promocionarse. A veces es mejor guardar silencio y dejar pasar una ocasión de mencionar algo que podría promocionar alguno de nuestros proyectos. En el mundo actual, uno puede sentirse como un ingenuo por mantener esta actitud y dejar pasar una oportunidad. Sin embargo, a veces es mejor sentirse ingenuo que verse como un charlatán.

El hombre prudente de Smith puede parecer un tanto aburrido. Hasta Smith reconoce que comportarse con prudencia en lo tocante a la salud, la fortuna y la reputación, pese a ser una «cualidad digna de respeto», granjea sólo un «cierto frío aprecio», pero no parece despertar una gran admiración. No obstante, la imagen del hombre prudente de Smith está dotada de dignidad, y no puedo dejar de pensar que capta gran parte de aquello que Smith aspiraba a encarnar con su propia conducta.

¿Y qué hay de la virtud de la justicia, la segunda de las tres en las que Smith hace hincapié? Al final de *La teoría de los sentimientos morales*, Smith analiza distintas clases de justicia. No obstante, cuando en la primera parte del libro emplea el término sin relacionarlo con las otras dos virtudes y celebra su importancia, a lo que se refiere es a no hacer daño a los demás, es decir, a una virtud negativa, la virtud de no hacer algo malo. Hilel lo dijo unos cuantos milenios antes que Smith: no hagas a los demás lo que no querrías que te hicieran a ti. No robes. No asesines. No mientas para sacar provecho de otra persona. No hagas trampas cuando juegues a las cartas. No copies en el colegio. No insultes a tu pareja. No hieras los sentimientos ajenos.

Una de las formas que Smith tiene de hablar de la justicia es invocar el punto de vista de un espectador imparcial acerca de nuestra conducta. En un largo pasaje, ofrece una elocuente imagen de cómo se nos percibe cuando actuamos de forma injusta. Comienza explicando que la única justificación que la gente acepta como excusa para hacerle daño a alguien es la venganza o castigar los daños que alguien nos ha infligido:

> No puede haber un motivo correcto para dañar a nuestro prójimo, no puede haber una incitación a hacer mal a otro que los seres humanos puedan asumir, excepto la justa indignación por el daño que otro nos haya hecho.

Smith continúa diciendo que a un espectador imparcial le merecería una pobre opinión que uno hiciera daño a otro sólo para beneficiarse a sí mismo:

> El perturbar su felicidad sólo porque obstruye el camino hacia la nuestra, el quitarle lo que es realmente útil para él meramente porque puede ser tanto o más útil para nosotros, o dejarse así dominar a expensas de los demás por la preferencia natural que cada persona tiene por su propia felicidad antes que por la de los otros, es algo que ningún espectador imparcial podrá admitir.

Después, tras reconocer la validez de la Regla de Hierro del Yo (nos preocupamos más de nosotros mismos de lo que nos preocupamos por los demás), Smith nos ofrece un hermoso resumen acerca de por qué es un error anteponer nuestros intereses a los de los demás. Utiliza la misma lógica que utiliza en el ejemplo del terremoto chino. Aun cuando a uno le importen menos los demás que uno mismo, vivir así —perjudicando a otros para beneficiarse uno mismo— es inaceptable para el espectador imparcial.

> Por tanto, aunque puede ser verdad que cada individuo, en su propio corazón, se prefiere naturalmente a toda la humanidad, sin embargo no osará mirar a los seres humanos a la cara y declarar que actúa según ese principio. Siente que jamás podrán aceptar tal preferencia, y que por más natural que le parezca, a ellos invariablemente les parecerá excesiva y extravagante.

Cuando adopte el punto de vista del espectador imparcial, moderará «la arrogancia de su amor propio y lo atenuará hasta el punto en que las demás personas puedan acompañarlo». Smith termina el pasaje con un magnífico resumen del *fair play* en el juego de la vida:

> En la carrera hacia la riqueza, los honores y las promociones, él podrá correr con todas sus fuerzas, tensando cada nervio y cada músculo para dejar atrás a todos sus rivales. Pero si empuja o derriba a alguno, la indulgencia de los espectadores se esfuma. Se trata de una violación del juego limpio, que no podrán aceptar. Para ellos este hombre es

> tan bueno como este otro al que ha derribado; ellos no asumen ese amor propio merced al cual él se prefiere a sí mismo tanto más que al otro, y no pueden adherirse a las motivaciones que le llevaron a causarle daño. Por tanto, estarán prontos a simpatizar con el resentimiento natural del agredido, y el agresor se vuelve el objetivo de su odio e indignación. Él es consciente de ello y se da cuenta de que esos sentimientos están listos para estallar desde todos lados en su contra.

Nuestro amor propio puede incitarnos a jugar sucio a fin de aventajar a los demás. No obstante, cuando nos vemos a nosotros mismos a través de los ojos del espectador imparcial, sabemos que eso está mal.

Las reglas de la justicia tienen pocos matices. Si yo le debo a alguien diez dólares, el sentido de la justicia exige que se los devuelva cuando acordé devolvérselos. Mi obligación no tiene nada de complicada ni de confusa. Smith reconoce que pueden existir circunstancias atenuantes que vuelvan un poco más flexibles las normas de la justicia. No obstante, señala que semejante enfoque de la justicia es una pendiente muy resbaladiza. Nos urge a obedecer las normas de la justicia con total constancia, pues cuanto más lo hagamos, más encomiables y fiables seremos.

En cuanto empezamos a creer que en circunstancias especiales podemos prescindir de las reglas de la justicia, dejamos de ser dignos de confianza y nos tornamos capaces de las mayores vilezas. Smith ofrece dos ejemplos —el ladrón y el adúltero— de cómo tales justificaciones nos pueden traer complicaciones:

> El ladrón imagina que no hace nada malo cuando roba a los ricos lo que [...] posiblemente ni siquiera se enteren de que les ha sido sustraído. El adúltero no piensa que hace mal cuando corrompe a la mujer de su amigo, siempre que ponga su intriga a buen recaudo de las sospechas del marido y no perturbe la paz de la familia. Una vez que empezamos a entregarnos a tales sutilezas, no hay monstruosidad tan brutal que no podamos perpetrar.

Recordemos que Smith considera que el papel de las normas y de las «reglas generales» de la moral que aprendemos del mundo circundante consiste en reafirmar la voz del espectador imparcial en caso de que nuestras pasiones entren en conflicto con lo que sabemos que es justo. La insistencia de Smith en la importancia de no apartarse de las normas relativas a la justicia —pagar siempre nuestras deudas, no robar, no ser infiel a nuestra pareja— es un aspecto decisivo de enfrentarnos a nuestro autoengaño. En cuanto decidimos que esas normas pueden ser relajadas en circunstancias especiales, ya estamos camino de convencernos de que lo que es bueno para mí también lo es para los demás. En ese caso no habrá «monstruosidad tan brutal que no podamos perpetrar». No se trata de una leve advertencia: es una sirena ululando a todo trapo.

Esta advertencia de Smith nos indica que ha captado algo profundo acerca de la naturaleza humana. Las normas estrictas son más fáciles de observar y hacer observar que las que son un tanto laxas. Lo contrario también debería ser cierto. Cabría creer que la abstinencia fuera mucho más difícil de observar que la moderación. Y no obstante, es mucho más fácil renunciar por completo a las patatas fritas que comer sólo una. O unas pocas. Pero, ¿no debería ser al contrario? ¿No debería ser más fácil limitarse a comer unas pocas patatas fritas que no comer ninguna? Sin embargo, comer unas pocas a menudo conduce a comerse algunas más. Y luego unas pocas más. Smith nos recomienda mantener las reglas generales de la justicia con la «mayor exactitud». Son «precisas en un altísimo grado y no admiten excepción o modificación alguna».

La precisión de las reglas de la justicia y la capacidad de mantenerlas con la «mayor exactitud» nos señala el camino que debemos seguir si queremos acceder a la justicia tal como la describe Smith. La benevolencia, la tercera de las virtudes fundamentales del trío de Smith, es harina de otro costal. ¿En qué consiste? La benevolencia significa hacer el bien. No hacer el mal es algo que se entiende con bastante claridad. Pero ¿cómo se hace el bien? ¿Cuáles son las normas de la benevolencia? No existen, ¡ay!, reglas fáciles y sin matices. Las normas de la justicia son claras. Las normas de la benevolencia, en cambio, son «flexibles, vagas e indeterminadas».

Smith echa una ojeada a la gratitud, una componente de la benevolencia que a primera vista parece bastante diáfana. Diríase que expresar gratitud es una regla fácil de seguir. Y a menudo lo es. Si alguien me presta mil dólares, Smith dice que mi sentido de la gratitud debería hacer que me sintiera obligado a prestarle dinero cuando él lo necesitase. Pero, ¿estoy obligado a prestarle la misma cantidad? ¿Cuándo? ¿Mañana? ¿Algún día?

Supongamos que nuestras circunstancias financieras sean muy diferentes. ¿Qué sucede si prestarme mil dólares no supuso nada para él, pero si para mí prestárselos a él supusiera una gran carga financiera? ¿Y si en lugar de dinero, me pide que le preste algo precioso o necesario por valor de mil dólares? ¿Me obliga la gratitud a complacerle? Smith dice que si nuestras circunstancias son lo suficientemente distintas, mi disposición a prestarle o incluso regalarle diez veces lo que usted me prestó a mí quizá no baste para demostrarle una centésima parte de la gratitud que le debo. Dependiendo de cuáles fueran las circunstancias apropiadas, podría reprochárseme la más negra ingratitud y además ser merecedor de tal acusación.

La gratitud es una de las virtudes más simples que componen la benevolencia. Smith analiza otras virtudes benéficas, como la amistad, la humanidad, la hospitalidad y la generosidad. En lo tocante a la gratitud, Smith dice que las normas para estas virtudes son «aún más vagas e indeterminadas».

> Las normas generales de casi todas las virtudes, las pautas generales que determina cuáles son los oficios de la prudencia, la caridad, la liberalidad, la gratitud, la amistad, son en muchos casos flexibles e imprecisas, están abiertas a numerosas excepciones y requieren tantas modificaciones que apenas es posible regular nuestra conducta sólo en conformidad con ellas.

Consideremos la virtud de la caridad, que forma parte integral de la benevolencia: la virtud de ayudar a un semejante que sufre, está desesperado o en la miseria. ¿Qué debería uno hacer para ayudar a quienes pasan hambre o se encuentran en una situación financiera difícil? Imaginemos que somos turistas en una gran ciudad y una persona se nos acerca pidiendo limosna. ¿Deberíamos darle dinero? ¿Cuánto? ¿Está mal darle dinero si pensamos que lo va a gastar en drogas o alcohol? ¿O, tal como haríamos con cualquier otra persona, debemos respetar sus decisiones, estemos o no de acuerdo con ellas? ¿Habría que darle a toda la gente que nos pide dinero la misma cantidad, o deberíamos intentar descubrir quién está en un apuro grave y quién no? Quizá, en lugar de dar dinero a los *sintecho*, deberíamos dárselo a las organizaciones de beneficencia, que lo distribuirían teniendo en cuenta circunstancias personales en cada caso. Pero, ¿qué pasa con la gente que se siente incómoda lidiando con formularios y funcionarios y que vive en la calle? Quizá no habría que dar dinero ni a las organizaciones de beneficencia privadas ni a los individuos sin hogar: si uno paga impuestos, parte de sus ingresos ya financia los servicios de asistencia social.[23] ¿Con ello cumplimos ya con nuestra obligación de ayudar a los más desfavorecidos? Y si es así, ¿deberíamos también entregar dinero a un fondo de becas para colegios privados que acogen a niños pobres como alumnos y les ofrecen así una ocasión para salir de la pobreza de una vez por todas? No hay respuesta fácil a estas preguntas.

23 Alusión al programa estadounidense de asistencia estatal a personas y familias de bajos ingresos o carentes de ingresos, o Programa Asistencial de Nutrición Suplementaria (*Supplemental Nutrition Assistance Program-SNAP*), comúnmente conocido como Programa de Cupones para Alimentos (*Food Stamp Program*). Hoy en día, todos los beneficios de los cupones de alimentos se distribuyen mediante tarjetas, pero a lo largo de la mayor parte de su historia el programa utilizó sellos de papel o cupones. *(N. del t.)*

Smith compara las normas de la justicia con las reglas de la gramática. Las reglas gramaticales son «precisas, exactas e indispensables». Las normas de la benevolencia y muchas de las otras virtudes son como las reglas que rigen aquello que pasa por ser buena escritura, escritura «sublime y elegante». No existen normas concretas acerca de cómo escribir bien.

> Las reglas de la justicia pueden ser comparadas con las de la gramática; las reglas de las demás virtudes, con las que los críticos formulan para alcanzar una redacción sublime y elegante. Las primeras son precisas, exactas e indispensables. Las otras flexibles, vagas e indeterminadas, y más bien nos presentan un panorama general de la perfección que deberíamos alcanzar, sin suministrarnos unos consejos claros e infalibles para alcanzarla.

A una persona se le puede enseñar a escribir correctamente haciendo que se someta a una serie de reglas. Igualmente, a una persona se le pueden proporcionar una serie de reglas para enseñarle a actuar de manera justa.

> Pero no hay criterios cuya observancia nos lleve inexorablemente a exhibir una pluma elegante o sublime, aunque hay algunos que nos pueden ayudar en alguna medida a corregir y delimitar las nebulosas ideas que en otro caso

> podríamos haber tenido sobre tales perfecciones literarias. Y tampoco hay reglas cuyo conocimiento nos pueda instruir sobre cómo actuar infaliblemente en todo momento con prudencia, con justa magnanimidad o apropiada beneficencia, aunque hay algunas que nos permiten corregir y delimitar, en muchos aspectos, las ideas imperfectas que en otro caso podríamos haber tenido sobre tales virtudes.

Por otro lado, el comportamiento virtuoso es como la buena escritura. Lo reconocemos cuando lo vemos, pero ni se enseña con facilidad ni se puede describir con precisión. No creo que Smith lo diga explícitamente, pero la imprecisión de las normas de la benevolencia es lo que convierte la tarea de ser buenos en algo tan abrumador. No se trata sólo de que no sepamos con certeza qué hacer. Es que sin normas generales de benevolencia a las que poder atenernos con la «mayor exactitud», podemos justificar con una facilidad tremenda las acciones que más nos convengan mientras imaginamos estar ayudando a quienes nos rodean, aunque en realidad sea al contrario.

A veces, cuando mi hijo necesita mi ayuda o quiere hablar conmigo, no aparto la vista del partido de fútbol que estoy viendo en pantalla. Puedo justificar mi conducta egoísta de muchísimas formas. Trabajo mucho para mi familia, pero si no me relajase viendo un partido de fútbol de vez en cuando, me sería muy difícil continuar siendo un buen trabajador e incluso un buen padre. Puedo convencerme a mí mismo de que tengo derecho a no prestarle mi plena atención a mi hijo. También podría convencerme a mí mismo de que soy perfectamente capaz de hacer varias cosas a la vez. Estoy dedicando el cien por cien de mi atención tanto a mi hijo como al partido; escucho cada palabra que dice, ¿o no? Y si alguna vez me siento culpable por no dedicarle a mi hijo toda la atención, siempre puedo decirme a mí mismo que dedicarle toda la que desea es imposible. Por tanto, tengo que ser selectivo. Es cierto, a veces veo el partido mientras él me habla de cómo le ha ido el día o de sus problemas, pero no pasa nada: hay otras ocasiones en las que le presto mucha atención, así que mi media goleadora sigue siendo bastante buena.

Cuando mis hijos eran pequeños, leí un libro sobre crianza que alentaba a coger de la mano a nuestros hijos siempre que nos la ofrecieran. Llegará un día en que nuestros hijos serán demasiado mayores o estarán demasiado cohibidos para tomar de la mano a uno de sus padres, y nos arrepentiremos de las veces en que no disfrutamos de esos momentos. Después de leer aquello, establecí una regla de benevolencia que no siempre fue fácil de cumplir: cada vez que mi hija o mi hijo me ofrecían la mano, se la cogía. Esa regla no sólo me llevó a cogerles de la mano más a menudo de lo que lo habría hecho, sino que además solía acordarme de disfrutar del momento. Y me hizo tender mi mano para coger las suya más a menudo.

Casi nunca es un incordio coger de la mano a nuestros hijos, pero seguramente hubo ocasiones en las que me olvidé de hacerlo o, fuese porque me venía mal o porque estaba agotado, dejé pasar la oportunidad. Existen actos de benevolencia con los que resulta mucho más difícil cumplir, como por ejemplo dedicar a los amigos o a la familia nuestra plena atención cuando la requieren. Es más difícil cumplir con esas normas porque suponen un sacrificio mayor que llevar de la mano a alguien, pero también porque hay veces en que dedicarle a alguien nuestra plena atención puede perjudicar a esa persona a la que intentamos ayudar. Realmente te juegas el empleo si no terminas el informe que has de redactar, así que tu hijo va a tener que hacer los deberes de álgebra solo. Y, al fin y al cabo, ¿no es mejor a veces que el chaval haga los deberes sin ayuda de nadie? ¿Acaso eso no le estás enseñando a ser autosuficiente? ¿Acaso no recordará la lección mejor sin una muleta en la que apoyarse?

Por supuesto, a veces no se trata de excusas, sino de razones. En otras palabras: son verdad. Ahora bien, eso es lo que hace que las normas de la benevolencia sean tan difíciles de seguir. Lo que Smith nos enseña es cómo ser conscientes de lo complicada que es la benevolencia sin esas normas. Es mejor tener una norma del tipo «coge de la mano a tus hijos siempre que te la ofrezcan» o «presta atención a tus hijos siempre que te la pidan», pese a no tratarse realmente de normas universales e incluso sabiendo que no vamos a poder cumplirlas con la «mayor exactitud». Esas normas, nada realistas e imposibles de cumplir, nos recuerdan que mantengamos a raya nuestro egocentrismo y tengamos presente lo que pensaría de nosotros el espectador imparcial si nos viera mirando el partido o navegando distraídamente por Internet cuando nuestro hijo ha llegado a un callejón sin salida con el problema de álgebra.

Si bien para Smith la prudencia, la justicia y la benevolencia eran virtudes fundamentales, menciona muchas otras por el camino. El mejor amigo de Smith, David Hume, falleció a finales de agosto de 1776. Pocos meses después de la muerte de Hume, Smith escribió una carta a William Strahan, el impresor/editor tanto de las obras de Hume como de las de Smith. La carta habla de algunas de las últimas conversaciones que Smith mantuvo con Hume y de cómo este último se estaba enfrentando a la inminencia de su muerte. El final de la carta plasma el ideal de Smith del hombre sabio y virtuoso.

Smith escribe que pese a que se podrá estar o no de acuerdo con los puntos de vista filosóficos de Hume, nadie podrá poner en entredicho su carácter o su conducta:

> Así se fue nuestro excelente e inolvidable amigo. Es verdad que sobre sus opiniones filosóficas los juicios diferirán, y contarán con la aprobación o la desaprobación que cada cual observe acerca de ellas; en cambio, sobre su carácter y su conducta, no existirá discrepancia.

Hume era una persona que nunca perdía la calma, ni siquiera en las épocas en que no le sobraba el dinero. Cuando atravesaba «momentos de incierta fortuna», aunque tuviera que adoptar cierta austeridad, no dejaba de mostrarse también caritativo y generoso. La prudencia de Hume con el dinero no era fruto de la codicia —lo que Smith denomina avaricia—, sino que se debía a su deseo de no depender de los demás para satisfacer sus necesidades:

> No abrigo dudas de que su carácter estaba armoniosamente equilibrado, si cabe esta manera de decirlo, como no ocurría en ningún otro hombre de mi conocimiento. Hasta en sus momentos de incierta fortuna, su notable y congénita frugalidad le permitió ejercer, en las ocasiones que así lo requerían, actos caritativos y generosos. Era la suya una frugalidad basada no en la avaricia, sino en la pasión por la independencia.

El ingenio y la animada charla de Hume jamás fueron malévolos —carecía de aquello que Smith describe como «malicia»— y nunca hería los sentimientos de los demás:

> La larga cortesía de su naturaleza nunca debilitó la firmeza ni de sus ideas ni de sus decisiones. Su simpatía constante era la genuina efusión de su bondad y su buen humor, una y otro moldeados con mesura y sin esa malicia que con tanta frecuencia es la responsable de un ingenio malentendido. Mortificar nunca estuvo entre los propósitos de sus pendencias; es más, lejos de ofender, a menudo agradaba y deleitaba incluso a aquellos con los que discutía. Los propios amigos, con los que, por cierto, también discutía, hallaban en el cruce de pareceres una manera de comprometerse más en la conversación que con él sostenían.

Smith termina alabando la grata compañía de Hume y explicando cómo la combinación de sus cualidades y su capacidad intelectual hacía de él un ser humano digno de admiración. La recapitulación de Smith es prácticamente el mejor tributo que cabría esperar de un amigo:

> Este carácter alegre, socialmente muy de agradecer, y que con frecuencia es acompañado con atributos frívolos o superficiales, él lo alcanzaba con la más severa dedicación, el más amplio conocimiento y una capacidad de comprensión sin igual. Sobre todo, le consideré siempre, en vida y ahora a partir de su muerte, como alguien que se acercaba más y más a la idea de un hombre de rara y virtuosa perfección, una perfección con que la naturaleza humana pocas veces premia.

Como siempre, estimado señor, reciba usted las muestras de mi mayor afecto,

ADAM SMITH

Aproximarse «más y más a la idea de un hombre de rara y virtuosa perfección, una perfección con que la naturaleza humana pocas veces premia», es todo un logro. Somos muchos los que nos afanamos en alcanzar ese nivel. Smith está diciendo que orientarse hacia esa meta es el camino que nos conduce a ser amados y la mejor forma de ser dignos de amor. Ahora bien, muchos de nosotros queremos ser algo más que sabios y virtuosos. Queremos hacer del mundo un lugar mejor.

Capítulo 8

Cómo hacer del mundo un lugar mejor

Usted es prudente: cuida de sí mismo y va por la vida comportándose con honradez y dignidad. Se conduce con justicia: hace cuanto puede por no perjudicar a los demás. Es benévolo: es amable y bueno con quienes le rodean. Nada de eso se consigue sin esfuerzo. No obstante, somos muchos los que anhelamos llegar aún más lejos. Queremos ser algo más que buenas personas. Queremos que los efectos de nuestra benevolencia vayan más allá de nuestro círculo de amigos, familiares y colegas. Queremos hacer algo más que comportarnos de manera virtuosa con las personas a las que conocemos. Queremos influir de alguna manera sobre el mundo.

Ampliar nuestro radio de acción es algo consustancial a nuestro deseo de ser amados: si podemos hacer algo grande que repercuta más allá de nosotros mismos, nos honrará y respetará un círculo de gente más amplio. Ahora bien, yo creo que se trata de algo que va más allá de eso. Del mismo modo que Smith sostiene que queremos llegar a ser estimados siendo estimables, yo creo que nuestro deseo de mejorar el mundo proviene de nuestro deseo de ser aún más estimables. De ahí que, por muy egocéntricos que seamos —y lo somos— nos gustaría ser considerados por los demás y considerarnos a nosotros mismos como seres que contribuyen al bien común. Y creo que la mayoría de nosotros realmente deseamos contribuir en lugar de simplemente aparentar que lo hacemos. Queremos ayudar a hacer del mundo un lugar mejor.

Pero, ¿cómo proceder? En cierta ocasión recibí en mi podcast un correo electrónico de un oyente que solicitaba consejo. Decía que se había convertido en un fanático de la libertad económica. Era joven y tenía toda la vida por delante. ¿A qué tenía que dedicarse para fomentar la libertad? ¿Debía doctorarse en ciencias económicas? ¿Debía convertirse en escritor? ¿Debía fundar un negocio, ganar mucho dinero y donar parte de los beneficios a organizaciones que promueven la libertad económica? ¿Debía meterse en política? La lista de opciones era larga.

La sola idea de que mi corresponsal pensara que yo podía ayudarle fue toda una lección para mí. Por supuesto, la respuesta más sencilla que podía darle —a saber, que su pregunta no tenía respuesta— era la verdad. No existe ninguna forma ideal de extender la libertad económica. En un sentido más amplio, no existe ninguna forma ideal de hacer del mundo un lugar mejor. Muchas de nuestras decisiones pueden contribuir a ello, pero la diferencia entre nuestras respectivas contribuciones depende en gran medida de las capacidades, las pasiones y las oportunidades que tenga cada cual.

Puede que no estemos dotados de los conocimientos o la visión necesarios para fundar, dirigir y hacer crecer una empresa. Puede que no tengamos la disciplina necesaria para obtener un doctorado. Aun cuando fuésemos completamente abnegados y nuestra única meta fuera maximizar nuestro impacto sobre el mundo, sería difícil saber cuál es la forma más productiva de invertir nuestro tiempo y nuestro esfuerzo. ¿Y cómo tener la certeza de que lo que nosotros consideramos productivo realmente hace del mundo un lugar mejor? A veces esas buenas intenciones nos conducen a lugares inesperados. ¿Cómo evitamos que las consecuencias involuntarias de nuestras acciones conviertan nuestro mundo en un lugar más sombrío en lugar de iluminarlo y alegrarlo? También cabe la posibilidad —sólo la posibilidad— de que el mejor modo que tengamos de hacer del mundo un lugar mejor sea siendo un marido, una madre o un vecino ejemplares o un empleado, gerente o empresario realmente excepcionales.

A veces consideramos —erróneamente— que nuestras trayectorias profesionales son la vertiente «egoísta» de nuestras vidas porque ganamos dinero, y que ciertos actos altruistas —como entregar dinero a organizaciones caritativas, trabajar como voluntarios en un comedor social o donar sangre— son lo único que hacemos por los demás. Pensamos que lo que convierte al mundo en un lugar mejor es *eso*, olvidando que ser buenos en nuestro trabajo también ayuda a los demás y contribuye a hacer del mundo un lugar mejor.

Ser un profesor extraordinario es algo que transforma las vidas de nuestros alumnos. Ser un jefe estupendo significa idear formas de que los empleados prosperen y saquen partido a sus talentos. Dirigir un excelente restaurante permite a la gente quedar con sus amigos para disfrutar de algo más que de la comida: la conversación, la amistad y los recuerdos duraderos. Y proporcionarle a la gente la oportunidad de pagar menos por camisas, manzanas o neumáticos, porque hemos descubierto una forma de reducir los costes de inventario y vender esos artículos a un precio inferior, es algo que permite a más gente satisfacer sus deseos. A su vez, eso libera dinero que permite a nuestros clientes tomarse unas vacaciones más largas, pagarles a sus hijos lecciones de música, comprar mejores camisas o sustituir los neumáticos antes de lo que lo harían en caso contrario. Cumplir con nuestro trabajo con una sonrisa enriquece el día a día de la gente que nos rodea.

No se trata de banalidades. Para la mayoría de nosotros, el hecho de que se nos pague por hacer estas cosas representa la guinda del postre, no el plato principal. Sin embargo, dado que se nos paga y como a menudo nos concentramos en nuestro trabajo, podemos llegar a olvidar el impacto que ejercemos sobre los demás mientras hacemos uso de nuestros talentos innatos y de aquellos que hemos adquirido dedicándonos a nuestro oficio, sea cual sea.

Incluso cuando recordamos el impacto que nuestro trabajo ejerce sobre los demás, somos muchos los que tenemos el deseo de hacer algo que no nos beneficie directamente a nosotros y por lo que no se nos pague, algo que ayude a los demás sin contraprestación. De ahí que en nuestros ratos libres entrenemos a ligas infantiles de béisbol, les leamos a niños, trabajemos en bancos de alimentos o entreguemos dinero a causas que nos importan. La mayoría de nosotros nos sentimos inducidos a hacer algo altruista por una causa o una organización más grande que nosotros mismos sin que nuestro tiempo y esfuerzo tengan otra recompensa que la satisfacción.

En *La teoría de los sentimientos morales*, Adam Smith indica un camino que todos podemos seguir para hacer del mundo un lugar mejor, algo que podemos hacer todos los días. No resulta fácil de ver ni es espectacular; no es algo que se pueda poner en un currículo ni de lo que quepa presumir. No obstante, impregna todo lo que hacemos, y afecta a prácticamente todas nuestras relaciones con las personas que nos rodean. Para comprender las observaciones de Adam Smith acerca de cómo podemos contribuir a un mundo mejor, tenemos que profundizar un poco más en la noción que tenía sobre cómo funcionaba el mundo.

Google se constituyó como empresa en 1998. Si alguien no me cree, puede comprobarlo. Ahora bien, no existe ninguna fecha oficial en la que se volviera legítimo decir: «Lo *googlearé* más tarde» o «anoche *googleé* aquello». El uso de *googlear* en el sentido de «buscar en Internet» se difundió primero en inglés y luego en el resto de idiomas. ¿Quién decidió que estuviera bien emplear el nombre de una empresa para inventar un verbo?

Por otro lado, tomemos el ejemplo de Enron, una empresa conocida inicialmente por su talento de élite, y poco tiempo después por su alto nivel de corrupción y de deshonestidad. Sin embargo, *enron* no se convirtió en un verbo ni en un sustantivo, ni siquiera en el marco de la charla informal. Por supuesto, yo soy muy libre de llamar «enron» a una persona corrupta y deshonesta, pero ustedes no entenderán de qué les hablo. Utilizar el nombre de una empresa para designar un comportamiento poco ético, por ejemplo, es una idea interesante. Pero, ¿quién decide si cuajará?

Nosotros. Nosotros somos quienes decidimos que *enron* no sea un sustantivo y que *google* sea un verbo. Lo decidimos nosotros, en el sentido de que es asunto nuestro. Lo más extraño es que a la dirección y los accionistas de Google no les gusta. Quieren reservar la letra *g* seguida de una *o* y después de *ogle* para designar exclusivamente a la empresa que tiene su sede en Mountain View, California. Lo asombroso es que ellos no puedan impedirnos decidirlo. Pueden protestar, quejarse y esforzarse por evitarlo. Pero la decisión no está sus manos. Está en las nuestras.

El único problema que conlleva decir que somos nosotros quienes decidimos que *google* sea un verbo es que, si bien es cierto que la decisión es nuestra, el proceso no se corresponde con ninguno de los otros significados del verbo *decidir* cuando se refiere a un colectivo que decide. Los ordenadores no se pusieron de acuerdo para votar. No hubo ningún debate público que convenciera a la gente a la que no le gusta utilizar *google* como verbo —los directivos de Google en Mountain View y los tradicionalistas a los que les desagrada la palabra *google*— de que en realidad no pasa nada por decir «google» en lugar de «búsqueda en la Red». No llegamos a ningún acuerdo por el que nos comprometiéramos a aceptar *google* a cambio de dejar de utilizar *xerox* (en lugar de *photocopy*) y así obtener el beneplácito de los tradicionalistas. Todo ocurrió sin que la decisión fuera coordinada ni gestionada por nadie.

Normalmente, cuando escribo «decidimos», ustedes saben lo que significa: tomar una decisión en la que participa más de una persona. Ahora bien, cuando escribo «somos nosotros quienes decidimos que *google* sea un verbo», eso no quiere decir lo mismo. No disponemos de una palabra para describir el proceso a través del cual *google* se convirtió en verbo. La lengua inglesa evoluciona a través de un proceso imperfecto de prueba y error y de boca a oreja. Siguen existiendo letras mudas. Siguen existiendo verbos muy irregulares, lo que hace que a los hablantes no nativos les resulte extraordinariamente difícil dominar el inglés. *Flammable* e *inflammable* quieren decir lo mismo, pero *decisive* e *indecisive* tienen significados opuestos.

Cabría pensar que sería mejor que existiera un comité encargado de decidir acerca de lo que es inglés correcto y lo que no. Quizá sí. Ahora bien, un comité presentaría sus propios problemas e imperfecciones. ¿Quién integraría el comité? ¿Cómo tomaría las decisiones? ¿Cómo podría mantenerse al tanto de la aparición de palabras nuevas? ¿Cómo se las arreglaría para difundir las noticias sobre sus decisiones? Y quizá la pregunta más interesante de todas sea ésta: ¿por qué habría alguien de hacerle caso?

Los franceses tienen un comité para decidir qué es el «buen» francés: la Académie Française, compuesta por cuarenta miembros. Se han creado instituciones de este tipo para velar por muchos de los idiomas que existen, pero no es el caso del inglés Se diría que una organización de cuarenta expertos denominada les *immortels* (sí, significa lo que usted piensa) debería ser capaz de decidir qué es buen francés y qué no. Los franceses acostumbran a llamar al sábado y al domingo *le weekend.* Los inmortales de la Académie Française ven con malos ojos este término de importación, pero no han logrado que los franceses de a pie empleen el *fin de semaine,* el término oficialmente aceptado.

No existe ningún comité que decida sobre la lengua inglesa. No hay ninguna autoridad lingüística oficial. Ahora bien, el inglés no evoluciona al azar. En líneas generales, las palabras útiles y la gramática siguen existiendo. Las palabras menos útiles son abandonadas o caen en el olvido. La palabra *ruthless* ('implacable') se mantiene, pero *ruth* ('vomitar') ha desaparecido.

Las palabras feas se esfuerzan por sobrevivir compitiendo con palabras más bellas. ¿Qué es una palabra fea? *Meatspace*[24] es una palabra que describe el mundo en el que vivimos. Es lo contrario del ciberespacio, el mundo

24 Literalmente 'espacio de carne'. Este término se originó en la cultura y la narrativa *cyberpunk. (N. del t.)*

virtual. Ahora bien, nunca he oído a nadie que no perteneciera al mundillo tecnológico que supiera qué es el *meatspace*. No conozco a nadie que emplee esa palabra de manera regular. Es una palabra fea. No creo que vaya a perdurar.

Como la lengua inglesa no está regida por ninguna autoridad oficial, y puesto que el proceso evolutivo es orgánico en lugar de ser observable y mecánico, controlarlo resulta muy complicado, cuando no completamente imposible. Si uno aspira a cambiar algo de forma deliberada en la lengua inglesa, no está claro cómo hacerlo ni si tendrá éxito. Puede que sí, o puede que no.

Esto nos conduce a una conclusión paradójica. El inglés no tiene ninguna autoridad lingüística oficial; y, sin embargo, todos la encarnamos. Nosotros decidimos lo que es inglés correcto y lo que no lo es, pero el mecanismo a través del cual lo decidimos no lo gestiona nadie, es imprevisible y además es un tanto opaco. No obstante, y al mismo tiempo, tampoco es aleatorio. El inglés también está dotado de un carácter ordenado, que si bien no es perfecto, tiene cierto sentido. Posee una gramática coherente que nos permite comunicarnos y una paleta increíblemente rica de palabras con las que expresarnos.

En nuestra vida hay una infinidad de cosas dotadas de esta propiedad: la de ser ordenadas y un tanto previsibles. En la pared de mi despacho tengo una fotografía de la década de 1920 que conmemora la visita que un grupo de economistas le hizo al presidente Calvin Coolidge: en ella se ve a unos cuantos centenares de economistas con cara de palo de pie delante de la Casa Blanca. Es probable que al espectador contemporáneo le choquen dos cosas: la escasez de mujeres en la foto y que todos los hombres que aparecen en ella lleven sombrero. En aquella época ir a visitar al presidente de Estados Unidos sin sombrero habría sido inimaginable. El sombrero formaba parte de la indumentaria del respeto, junto con el traje y la corbata.

Fijémonos en las fotos antiguas del público en las gradas del campeonato nacional de béisbol de la década de 1920, o incluso mucho tiempo después. Casi todos los hombres llevan traje, corbata y sombrero; no gorras de béisbol, sino sombreros tiroleses y de otras clases, con alas que dan la vuelta completa a la cabeza. Van vestidos de la misma manera que se habrían vestido para ir a la iglesia o a la ópera. O a la Casa Blanca.

En algún momento entre aquel entonces y el ahora, se hizo socialmente aceptable que un hombre visitase al presidente del país con la cabeza descubierta y también que asistiera a un partido del campeonato nacional de béisbol con la cabeza descubierta y sin corbata. Es como si a comienzos del siglo xx hubiera aparecido una circular que dijera: «El sombrero es de rigor», y que en algún momento de mediados del siglo xx hubiera aparecido otra que dijera: «Hagan caso omiso de la circular anterior». ¿Quién redactó esas circulares? ¿Quién cambió el código de vestimenta? Nadie, por supuesto. No existe ninguna autoridad oficial que decida lo que está de moda, lo que resulta aceptable o lo que constituye una indumentaria correcta. No obstante, de algún modo, somos todos quienes lo decidimos. ¿Qué quiere decir eso exactamente? ¿Cómo es el proceso?

Alguna gente atribuye esa clase de cambios a los referentes del mundo de la moda, es decir, los famosos influyentes que marcan su evolución. En lo tocante al sombrero, hay quien atribuye su caída en desuso a John F. Kennedy. Esta afirmación se basa en que no lució sombrero durante su investidura y que, como consecuencia, millones de hombres estadounidenses respiraron aliviados y dejaron de llevar sombrero. Esta teoría sólo presenta un problema: es falsa. Kennedy sí llevó sombrero durante su investidura, un sombrero de copa de seda que hacía juego con su chaqué y sus pantalones con raya diplomática. No se puede decir que fuera precisamente míster Informal. Es cierto que JFK era menos formal que presidentes anteriores. Sospecho, al igual que otras personas, que se estaba adaptando a una moda y no estableciéndola. Las celebridades influyen en la manera en que nos comportamos y nos vestimos, pero rara vez es un solo individuo el responsable de estos cambios.

Entonces, si no fue por JFK, ¿ a quién le debemos que los hombres vistan de manera menos formal hoy en día que hace cincuenta o cien años? ¿Quién mató al sombrero? ¿Quién creó la moda que hizo aceptable que un presidente norteamericano fuera con la cabeza descubierta?

Son muchísimos los aspectos de nuestra vida que parecen ordenados pero que nadie controla. Entre esos fenómenos cabe incluir (lamentablemente) la fiabilidad del tráfico en hora punta, el precio de las naranjas, el nivel de ruido en un restaurante, la posibilidad de encontrar *sushi* en cualquier ciudad estadounidense de más de cincuenta mil habitantes y un millón de cosas más que son lo que Adam Ferguson, un contemporáneo escocés de Adam Smith, denominó resultados de la acción humana, pero no de la voluntad humana. Estos fenómenos son fruto de las acciones de muchas personas, pero sin que nadie concreto haya previsto el desenlace ni éste sea intencionado.

A Smith y a Ferguson, así como a David Hume, buen amigo del primero, les interesaban profundamente estos fenómenos sociales. La idea de que existen fenómenos ordenados pero imprevistos que surgen a partir de complejas interrelaciones entre los seres humanos era tan consustancial a Smith que rara vez se detenía a analizar semejantes fenómenos desde una perspectiva general. Es cierto que escribió acerca de la mano invisible, por supuesto, pero con esa expresión simplemente se refería a acciones egoístas que acaban por redundar en beneficio de terceras personas. Sin embargo, es una lástima que no se detuviera a analizar estos fenómenos, porque *mano invisible* es una bonita manera de describir fenómenos que parecen fruto de la voluntad deliberada pero que en realidad surgen de una trama inadvertida, oculta y compleja constituida por infinidad de interrelaciones entre seres humanos.

Quizá a F. A. Hayek se le conoce sobre todo por su batalla intelectual con John Maynard Keynes en torno a los ciclos económicos y qué es lo que lleva a que la economía desfallezca. Sus escritos acerca del orden no planeado que surge a partir de interrelaciones complejas son menos conocidos. Hayek empleaba con frecuencia la expresión «orden espontáneo», en la que *espontáneo* quiere decir no planeado. Ahora bien, espontáneo también tiene otros significados que son muy distintos. Yo prefiero la expresión «orden emergente» para describir fenómenos sociales que surgen a partir de interrelaciones complejas entre los individuos y que poseen un carácter ordenado y una lógica intrínsecos, pese a que ningún individuo en concreto los haya previsto de forma deliberada.

Cuando decimos que decidimos casos de orden emergente, la palabra *decidido* resulta confusa. Todas las demás definiciones de ese término comportan alguna clase de proceso mediante el cual quienes toman la decisión lo hacen dotados de alguna clase de intencionalidad. Ahora bien, cuando utilizo la palabra *google* porque me resulta práctica , en realidad no estoy tomando ninguna decisión acerca de la evolución de la lengua inglesa. No obstante, contribuyo modestamente a esa evolución. Tal vez muy modestamente, pero aun así contribuyo.

Esto nos conduce a una segunda paradoja. Desde un punto de vista global, el modo en que utilizo la lengua inglesa es tan trivial que en lo fundamental resulta irrelevante a la hora de determinar qué palabras sobreviven y cuáles mueren. Mi impacto individual es tan pequeño que se aproxima a cero. Una persona que actúa aisladamente no ejerce ningún efecto en absoluto. No obstante, el desenlace general lo propiciamos todos nosotros.

El economista Milton Friedman captó esta extraña paradoja de cómo pequeñas acciones pueden dar lugar a un efecto importante cuando dijo, hablando de la demanda y la oferta, que la suma de fuerzas insignificantes no tiene por qué ser insignificante. Por tanto, aunque mi demanda de manzanas no influya sobre el precio de las manzanas, la demanda total, en conjunción con las decisiones de los proveedores, es lo que determina el precio de las manzanas. No la codicia del verdulero de la esquina, ni mi deseo de obtener una ganga, sino el conjunto de todas nuestras interrelaciones. Pese a que ningún consumidor de manzanas aislado ejerce un efecto mensurable o perceptible sobre el precio, ya que representa una porción insignificante de la demanda total de manzanas, como grupo los consumidores de manzanas ejercen un efecto muy significativo.

Pensar con claridad sobre la compleja interrelación de actos individuales que desemboca en resultados involuntarios pero con desenlaces previsibles y ordenados es, creo yo, la contribución singular más importante de la ciencia económica a la comprensión de cómo funciona el mundo. Curiosamente, la descripción más elocuente de este fenómeno realizada por Smith no se encuentra en *La riqueza de las naciones*, su libro de «economía», sino en *La teoría de los sentimientos morales*, su libro «filosófico», y el ejemplo que pone no es un fenómeno monetario, sino moral.

En *La teoría de los sentimientos morales*, Smith describe cómo las decisiones individuales pueden tener importantes consecuencias sociales. Se refiere a algo más importante que el precio de las manzanas. Está describiendo la contribución que hacemos cada uno de nosotros al establecimiento de una sociedad moral. Incluso podría afirmarse que está describiendo el papel que cada uno de nosotros desempeñamos a la hora de constituir nuestra civilización, la sociedad en la que muchos hemos tenido la suerte de nacer, y que, a pesar de sus inmensas imperfecciones, se encuentra varios peldaños por encima del salvajismo.

¿Hasta qué punto he de ser amable con mi esposa? ¿Cuánto tiempo debería pasar con mis hijos? ¿En qué medida debo ser sincero en mi trabajo? ¿Debería aprovecharme de un amigo? ¿Y de un extraño? La mayor parte del tiempo tenemos una idea bastante precisa de lo que la gente que pertenece a nuestro círculo de amigos y allegados considera respuestas correctas a estas preguntas. A menudo sabemos lo que es aceptable y lo que no lo es. Sabemos qué es lo que la gente considera adecuado y el punto en que se va más allá de lo tolerable. Es como si existieran normas de conducta social que van mucho más allá de lo que denominamos etiqueta: qué tenedor emplear y cuándo podemos enviar una nota de agradecimiento a través de un mero correo electrónico.

¿De dónde provienen esas normas? ¿Quién decide lo que constituye un comportamiento correcto y otro incorrecto? ¿Quién decide cuándo está permitido comportarse de manera egoísta y cuándo es monstruoso? ¿Qué es lo que determina cómo nos tratamos los unos a los otros en nuestras innumerables interrelaciones cotidianas ?

La respuesta de Adam Smith es que somos nosotros quienes decidimos qué es aceptable y qué no lo es, lo que es virtuoso y lo que no. Decidimos acerca de todas estas cosas —los fundamentos de la moral y de la civilización— del mismo modo que decidimos acerca de qué constituye un inglés aceptable. Todas las actitudes que marcan nuestras relaciones cotidianas —la confianza, la empatía, el respeto, el desdén, el rechazo, la amabilidad, la crueldad—, todas estas pautas de comportamiento que nos rodean, se derivan de todas nuestras acciones en conjunto, del mismo modo en que el conjunto de todas nuestras acciones individuales «decide» acerca del empleo del lenguaje.

Smith sostiene que cada uno de nosotros actúa de una manera que hace que juntos engendremos la moral, la confianza mutua y la civilización. Ninguno de nosotros pretende llegar voluntariamente a ese resultado. De hecho, argumenta, éste se produce de forma natural. Constituye una parte integral de quiénes somos. Nadie prevé hacer del mundo un lugar mejor mediante sus actos. No obstante, lo hacemos sin tener que pensar en ello.

¿Cómo es eso posible? Smith sostiene que las normas y la cultura son el resultado de nuestras modestas, innumerables y sutiles formas de interrelación. Del mismo modo que lo que se considera buen inglés evoluciona, nuestro panorama cultural lo conforma, sin voluntad deliberada ni supervisión, nuestro interactuar. Sin embargo, a Smith le interesa especialmente aquello que determina la «amabilidad»: los atributos de una persona honorable e íntegra. ¿De dónde proceden? ¿Quién decide qué es honorable, noble y bondadoso? Lo decidimos nosotros, y lo hacemos de la misma forma en que decidimos lo que constituye buen inglés. Estos desenlaces son el resultado del conjunto de todas nuestras interrelaciones. No los controla, determina o manipula ningún individuo aislado, y somos pocos los que somos conscientes de contribuir a establecer estas normas y valores.

¿Cómo es posible que algo así funcione? ¿Cuál es el proceso que permite que surjan normas que se ven afectadas por nuestros actos? Queremos ser dignos de estima y queremos ser estimados. Nos complace que la gente apruebe lo que hacemos y lo contrario nos decepciona. El deseo de ser queridos —nuestro deseo de ser aplaudidos y de evitar la censura, de ser honrados y de evitar la deshonra— es algo que, según la cosmovisión de cada cual, nos ha sido asignado por Dios o por naturaleza. También tenemos una tendencia natural a aplaudir el comportamiento honorable y a censurar el comportamiento deshonroso.

Estos impulsos y estas tendencias conforman espirales de reacciones con el potencial para producir una sociedad civilizada. La aprobación fomenta el buen comportamiento. La censura desalienta el mal comportamiento. Esos son los incentivos establecidos por quienes nos rodean: los espectadores concretos de nuestros actos. Después está el regulador interno que todos llevamos dentro, el «hombre dentro del pecho», nuestra conciencia de nuestra propia amabilidad o falta de amabilidad. El guía interior —que se activa al imaginarnos a un espectador imparcial— es un termostato añadido. El orgullo que experimentamos cuando somos amables alienta el buen comportamiento, y la vergüenza que experimentamos al comportarnos mal desalienta la mala conducta.

> De esta manera, el omnisciente autor de la naturaleza ha enseñado al ser humano a respetar los sentimientos y opiniones de sus semejantes, a estar más o menos complacido cuando aprueban su conducta, y más o menos ofendido cuando la desaprueban. Ha hecho del hombre, por así decirlo, el juez inmediato del género inmediato; y en este aspecto como en tantos otros lo ha creado a su imagen y semejanza, y designado vicegerente sobre la tierra, para supervisar la conducta de sus hermanos. La naturaleza enseña a estos a reconocer ese poder y jurisdicción que le han sido conferidos, a ser más o menos humillados y abochornados cuando han incurrido en su censura, y a estar más o menos alborozados cuando han obtenido su aplauso.

¿Hasta qué punto funciona bien el sistema? Lo hace muy imperfectamente. Sin embargo, a veces funciona mucho mejor que un sistema en el que una fuerza policial externa castigase explícitamente las infracciones. Podríamos preguntarnos por qué no allanamos la casa del vecino cuando sabemos que no está. ¿Por qué no golpeamos a una persona más débil que nosotros si nos cierra el paso o nos molesta? ¿Es porque es ilegal o porque es inmoral? ¿Cuánto cambiaría el mundo si se revocasen las leyes contra el asesinato? Es verdad que somos una especie con un gran potencial para la violencia. Pero, ¿qué es lo que refrena ese potencial, nuestro sistema legal o nuestra conciencia y nuestro deseo de formar parte de una sociedad civilizada? ¿Es la policía o el hecho de que quienes nos rodean nos juzgarían de manera irrevocable si dañáramos a otra persona sin justificación o por el simple hecho de que nos apetecía?

He convivido durante años con cuatro personas más pequeñas que yo, que me irritaban con frecuencia e impedían que hiciera lo que quería. Se trata de mis hijos. En Estados Unidos, los castigos corporales siguen siendo legales. Mis padres me pegaban muy rara vez, pero de vez en cuando me llevaba un coscorrón por portarme mal. Siempre di por supuesto que yo haría lo mismo con mis hijos, y hubo ocasiones —más de las que quisiera reconocer— en las que quise pegarles. No obstante, mi esposa me convenció de que actuara de otra forma, y a fin de conservar su respeto y el respeto por mí mismo, jamás he golpeado a mis hijos. Eso me alegra mucho. No soy el único. La mayoría de mis amigos no pega a sus hijos. En el ámbito de la crianza se ha producido una revolución silenciosa sin legislación de por medio.

No dispongo de forma alguna de saber si pegar a nuestros hijos es una idea buena o mala. No todo lo que resulta socialmente aceptable es buena idea, y no todo aquello que nuestros pares miran con malos ojos es mala idea. Dentro de nuestro círculo social, quizá abstenerse de pegar a los hijos se considere propio de malos padres. Pero lo que Smith quiere subrayar es que la civilización se sustenta en gran medida en espirales de reacciones descentralizadas, a las que llegamos del mismo modo que a nuestras opiniones acerca de cómo tratar a nuestros hijos cuando se portan mal. Esas espirales de reacciones influyen sobre nuestra manera de comportarnos y sobre cómo otros responden a nuestras reacciones.

Desde el punto de vista de Smith, todo esto procede de Dios, al que llama «el autor de la naturaleza». Según Smith, Dios ha delegado en nosotros el papel de juez: en nuestro trato con nuestros vecinos, aplaudimos, censuramos, enarcamos las cejas, nos burlamos, honramos y sacudimos la cabeza. Queremos estar rodeados de buenas personas y evitamos a las malas. Smith llama a la humanidad los «vicegerentes de Dios», término rebuscado al que quizá sería mejor sustituir por «diputados». Dios ha delegado en todos nosotros la tarea de mantenernos a raya los unos a los otros. Sin embargo, Smith no se refiere sólo al asesinato o al robo. Habla de nuestras relaciones mutuas, mucho más sutiles, que determinan la clase de personas de las que queremos estar rodeados y aquellas a las que evitamos. No es preciso que creamos que procede de Dios; también se puede considerar como el simple resultado de la evolución. En ambos casos, nuestras acciones individuales contribuyen a producir civilización.

Celebramos y aplaudimos las virtudes de la cortesía, la amabilidad, la consideración, el honor y la integridad. No hay forma alguna de imponer por ley estas formas de comportamiento, que son flexibles, vagas e indeterminadas, y pertenecen a la categoría de la benevolencia. No sería posible redactar ningún estatuto que las hiciera cumplir o castigara su inobservancia. La mejor forma de alentarlas —y de desalentar los vicios contrarios— es mediante la interrelación entre los seres humanos. Estos atributos son los que hacen que la vida sea buena y sencilla. El mundo sería mucho más desagradable si no existieran.

Pocas veces nos paramos a pensar en cómo hemos llegado a vivir en un mundo bastante decente, un mundo civilizado. Es cierto, tenemos un sistema legal que castiga los peores delitos, como el robo y el asesinato. Sin embargo, a la mayoría de nosotros nos mantiene en el buen camino nuestra conciencia. Más importante aún, existen conductas crueles y egoístas de las que nos abstenemos porque, sin que sea necesario legislar al respecto, las costumbres y la cultura las vilipendian. Cometer tales actos de crueldad o de egoísmo no nos expone a acabar en la cárcel o a que nos multen, pero seríamos censurados por aquellos cuya aprobación buscamos: nuestros amigos y familiares, por no hablar además de nuestros colegas y conocidos. Y en última instancia, también incurriríamos en la nuestra propia, por la vía de nuestro deseo de ser estimados antes que execrados. Este universo del comportamiento decente no viene impuesto por las intenciones o las exhortaciones de nadie. Se establece de manera natural a través de los signos de aprobación y censura que nos enviamos unos a otros y las advertencias que hacemos a nuestros hijos. Se sustenta de manera natural. Es algo asombroso, pero también apunta a la manera en que quizá podamos conservar la civilización y hacerla todavía mejor.

Todos tenemos dos papeles que desempeñar en ese proceso. El primero consiste en ser dignos de estima, aun cuando fuésemos capaces de salir adelante sin serlo. Cada vez que actuamos mal, cada vez que nos aprovechamos de otra persona, o cada vez que somos crueles, hacemos del mundo un lugar un poco menos civilizado. No obstante, también desempeñamos un papel a la hora de alentar a otros a portarse bien y desanimar a otros a portarse mal. Consiste en honrar a las personas honorables y desacreditar a quien se comporte de manera deshonrosa. Los criterios de amabilidad se establecen por la suma de nuestros actos. Creamos el punto de vista del espectador imparcial al que recurre cada cual para moderar su egocentrismo.

Eso no equivale a realizar juicios apresurados sobre la conducta de los demás y luego reprenderles o despreciarles, ni tampoco a criticar a nuestros amigos y familiares por cada error que cometan. Las cosas no suelen acabar ahí. Todos somos humanos y por tanto falibles, pero solemos ser conscientes de si quienes nos rodean son buenas personas o no.

Smith no está diciendo que tengamos que ser intolerantes. Está diciendo que nuestras decisiones importan. Podemos decidir si nos reímos o no de los chistes groseros que nuestros amigos cuentan a expensas de terceros, porque sean de otra raza o religión. Podemos decidir si pasamos de cotilleos que no sirven a ninguna otra finalidad que la de hacer que nos sintamos superiores a otras personas. Podemos elegir a nuestros amigos. Decidimos de quiénes no queremos ser amigos.

Cada vez que honramos a malas personas o rehuimos a buenas personas, contribuimos a la degradación del mundo que nos rodea. En conjunto, nuestras acciones combinadas resultan decisivas. Cada paso que nos aleja de la amabilidad es un paso que nos aleja de la civilización. A medida que un número cada vez mayor de personas dan tales pasos, nuestros actos, aparentemente insignificantes, dejan de serlo. A través de nuestras acciones, establecemos las normas y reglas de lo que resulta atractivo y de lo que no.

El filósofo Immanuel Kant fue contemporáneo de Smith. Su regla para la moral individual era el imperativo categórico. Según este imperativo, cada vez que uno se ve en la disyuntiva de tener que actuar o se enfrenta a un dilema moral, debería sopesar no sólo cuál va a ser el efecto de su acción, sino también preguntarse cómo sería el mundo si todos nos comportáramos de esa forma.

A los economistas les encanta poner de relieve que votar es irracional. El voto individual sólo es significativo si hay un empate y es ese voto el que rompe el empate. En caso contrario, el voto individual no supone diferencia alguna en lo tocante al desenlace. Cuando comento esto a personas que nos son economistas, suelo recibir una respuesta kantiana: pero ¿qué sucedería si todo el mundo actuara así y decidiera no votar? ¿Y qué responde a esto el economista típico?: «No te preocupes, nadie se va a quedar en casa sólo porque tú lo hagas; tu voto sencillamente no importa». Y tiene razón. Ahora bien, eso no debería determinar si votamos o no.

Cuando se lo somete a un análisis de coste-beneficio basado exclusivamente en su efecto sobre el resultado de las elecciones, el acto de votar suele salir muy malparado. Ahora bien, el imperativo categórico implica que no votar es inmoral, salvo que creamos que la democracia podría sobrevivir en un mundo en el que sólo unos pocos eligieran a los servidores públicos. Algunos de mis amigos discrepan; sostienen que el actual sistema bipartidista de Estados Unidos es corrupto y que votar no hace más que animar a los sinvergüenzas a creer que la gente realmente está satisfecha con la situación actual. Se trata de un argumento legítimo (aunque no estoy seguro de cómo se puede hacer del mundo un lugar mejor afirmando implícitamente que las opciones políticas de las que disponemos son abominables). Lo que yo querría destacar es que el argumento de que no pasa nada por no votar sólo porque el voto individual es irrelevante no es un argumento moral y no debería serlo. Quiero vivir en un mundo en el que la gente entienda que sus pequeñas acciones tienen efectos secundarios sobre las acciones de los demás y actúe en consecuencia. Smith también quería vivir en un mundo así.

Una de las características fundamentales de la civilización es la confianza mutua. Cuando se puede confiar en las personas con las que se trata —cuando no tememos que nuestra confianza vaya a ser explotada en provecho de terceros— la existencia se hace más agradable y la vida económica se vuelve mucho más sencilla. ¿Cómo se crea la confianza mutua? A través de una infinidad de pequeñas interacciones, como cuando somos consecuentes con nuestra palabra y pasamos por alto las ocasiones para actuar de manera oportunista.

El verano pasado, mi mujer y yo decidimos celebrar nuestro aniversario de boda alquilando por una noche una cabaña en la costa californiana, cerca de Big Sur. Sin embargo, se planteó un problema. No nos dio tiempo a entregarle a la propietaria de la cabaña un cheque antes de que llegáramos para que nos hiciera la reserva. «No se preocupen —nos dijo—. Ese día estaré fuera de la ciudad de todos modos. Dejaré la puerta abierta, y pueden dejar el dinero sobre la mesa de la cocina. ¿Pueden pagar en metálico? —preguntó—. La señora de la limpieza pasará por allí más tarde y lo recogerá.»

Acepté, pero aquello me preocupaba. Aquella propuesta de transacción implicaba tenernos mucha confianza. Ella confiaba en que yo la pagase. Podría haber pernoctado en la cabaña y haberme largado sin pagar. ¿Qué habría podido hacer ella al respecto? ¿Demandarme? Tenía mi número de teléfono móvil, pero nada más. La señora de la limpieza podría fingir que el dinero no estaba. Yo podría haber fingido que había dejado el dinero, y decirle a la propietaria que debió de habérselo quedado la señora de la limpieza. Además, íbamos a dejar la puerta de la cabaña abierta, por lo que podría entrar otra persona y llevarse el dinero.

Nos presentamos allí, confiando en que la puerta estaría abierta y la cabaña estaría limpia. Todo estaba en orden. Daba gusto. En ningún momento vimos ni a un alma por ahí, a menos que el caballo que vivía en la propiedad tuviera una vertiente espiritual. Cuando al día siguiente nos marchamos, dejé en abanico el número indicado de billetes de veinte dólares debajo de una taza encima de la mesa de la cocina. No eran pocos. Luego les hice una foto con el móvil. No sé por qué. Aquello realmente no tenía sentido. Mostrarla después no habría probado nada; podría haber hecho una foto con el móvil, habérsela enviado a la propietaria y haber vuelto a guardarme el dinero en la cartera. Pero no lo hice. La propietaria recibió su dinero, y mi mujer y yo pasamos un día maravilloso contemplando el Pacífico desde los bosques de secuoyas.

Sin confianza, mi mujer y yo nos habríamos perdido uno de los días más agradables que hemos pasado juntos en mucho tiempo. La propietaria habría perdido unos cuantos cientos de dólares. La confianza mutua es algo estupendo.

Para que comprendan cómo sería la vida sin confiar en los demás, he aquí el anverso de mi experiencia en Big Sur. Un amigo mío me habló de un amigo suyo que organizaba una conferencia en Rusia. Una semana antes, recibió una llamada telefónica del propietario del hotel moscovita en el que iba a celebrarse la conferencia. «Malas noticias», le dijo éste. Sólo podía ofrecerle la mitad de las habitaciones que le había prometido. Le habían hecho una oferta mejor. Cuando mi amigo protestó y le recordó que habían firmado un contrato, el propietario del hotel le respondió: «Demándeme». Sabía que era improbable que lo demandaran. No hacía mucho que había caído la Unión Soviética. A lo largo de los ochenta años anteriores, los rusos no habían experimentado gran cosa en materia de libertad económica o espíritu emprendedor. ¿El dueño del hotel era buen emprendedor o malo? Había encontrado una manera de ganar más dinero. Ahora bien, de acuerdo con los criterios de Smith, no fue en modo alguno amable. Sin amabilidad, la libertad de comprar, vender y escoger con quiénes nos relacionamos no funciona demasiado bien. Cuanto más pueda uno confiar en los demás y cuanto menos tenga que depender de los tribunales, mejor funcionará el sistema.

¿Cómo se fomenta la amabilidad? En algunas culturas, es como si se hubiera publicado una circular que dijera: «A cada minuto nace un idiota. Lo único que hay que hacer es encontrar a esas personas y explotarlas». En otras culturas, es como si se hubiera publicado una circular que dijera: «Sé un ser humano decente. Ganar dinero está bien, pero mantén tu palabra y no explotes a personas en apuros». Vivir en una sociedad en la que la gente se resiste a explotar a los demás, cumple con su palabra, sus compromisos y los contratos que haya firmado aun cuando eso suponga dejar de ganar a corto plazo, constituye una ventaja fabulosa. Ahora bien, inspirar confianza no es fácil. No hay ningún atajo que conduzca a una cultura de la amabilidad. Y si bien pienso que los hoteles estadounidenses suelen cumplir sus contratos incluso cuando se les presenta una oportunidad de negocio mejor, tengo la impresión de que en vísperas de la crisis financiera, algunos gestores de Wall Street actuaron de forma diferente, que los operadores y ejecutivos que vendieron activos tóxicos sabían que lo eran y presumían entre ellos de su capacidad de explotar a inversores inocentes. Lo mismo cabe decir de los bancos hipotecarios que extendieron préstamos a personas que a menudo no iban a poder cumplir con sus pagos.

En este sector, la amabilidad se convirtió en una carga. ¿Por qué? Todos comprendemos la tentación de ganar dinero a costa de personas inocentes. ¿Por qué disminuyó la capacidad de resistirse a esa tentación? ¿Por qué se produjo un comportamiento tan destructivo? Me vienen a la cabeza por lo menos dos respuestas. La primera es que las ganancias que podían obtenerse por no ser dignos de estima aumentaron. Por supuesto, es agradable ser buena persona, pero cuando ser buena persona le cuesta a uno mucho dinero o cuando no ser tan buena persona de repente se vuelve más rentable, se hace más difícil resistirse a la tentación. La emisión en Wall Street de títulos respaldados por hipotecas de dudosa fiabilidad hizo más difícil continuar siendo una buena persona. No es que la gente se volviera más codiciosa, sino que las ganancias que se podían obtener siendo deshonesto aumentaron, así que el resultado fue un aumento de la deshonestidad.

La otra posibilidad es que la impresión (que resultó ser correcta) de que el gobierno estaría dispuesto a rescatar a los acreedores de las grandes instituciones financieras facilitó que éstas obtuvieran préstamos baratos. De esta manera, en lugar de invertir su propio dinero, invirtieron dinero prestado. Ese dinero prestado resultó estar respaldado, en última instancia, por los contribuyentes, con lo que los prestamistas corrieron pocos riesgos. Eso tuvo como consecuencia que la imprudencia fuera mucho menos cara de lo que había sido en el pasado. Hubo un tiempo en el que las empresas de Wall Street eran compañías que invertían su propio dinero. Fuese cual fuese la cultura que hubieran creado, ésta murió, al parecer, cuando las empresas se convirtieron en sociedades anónimas y comenzaron a invertir el dinero de otras personas, menos prudentes con ese dinero porque pensaban que el Estado les resarciría si acababa habiendo pérdidas. Una cultura de la confianza mutua es algo muy valioso y quizá un tanto frágil. Cuando se destruye, no existe ninguna forma sencilla de restablecerla.

En cierta ocasión estuve en Adorama, una magnífica tienda de cámaras fotográficas de Nueva York, vendiendo parte de mi equipo fotográfico usado. Lo había empaquetado todo —la cámara, un par de lentes, la correa, el manual y así sucesivamente— más o menos de la misma manera en que me lo había encontrado cuando lo compré, metido dentro de las mismas cajas y con el mismo embalado. Por teléfono, Adorama había sido quien me había ofrecido el mejor precio por mi equipo. Una vez en la tienda, el dependiente no se aprovechó del hecho de que yo estuviera ya allí y que acudir a la competencia me costaría tiempo y esfuerzo. Pagó el precio que me habían dicho por teléfono.

El dependiente se aseguró de que la cámara estuviera en buen estado. A continuación cerró la caja y se dispuso a entregarme el dinero. Dentro de la caja grande había cajas más pequeñas en las que había metido un par de lentes. El dependiente no hizo el menor ademán de comprobar si realmente estaban ahí. Cabía la posibilidad de que hubiera metido cajas vacías dentro de la caja grande. Sin embargo, confió en mí. No sé por qué. Y aquello tuvo lugar, de todos los lugares posibles, en la ciudad de Nueva York, cuya reputación en materia de negocios sin escrúpulos es legendaria.

—¿No va a comprobar si están las lentes? —pregunté .

—*Nah,* confío en usted —dijo él.

—¿Por qué? —pregunté.

—Porque si no las hubiera puesto en la caja, no dormiría bien esta noche —respondió él.

Tenía razón, aunque por qué él lo creía así sigue siendo un misterio para mí. Fuera cual fuera el motivo, es muchísimo más fácil vivir en un mundo en el que podemos confiar en otras personas sin tener que invertir excesivo tiempo, dinero y energía verificando la confianza que depositamos en ellas.

Dicen que la bondad es su propia recompensa. Ahora bien, Smith está diciendo que es mucho más que eso. Ser digno de confianza y honrado, o un amigo, pariente o hijo fiable, no sólo conduce a relaciones agradables con las personas que nos rodean. No sólo conduce a tener buena reputación y ser respetado. Ser digno de confianza y honrado mantiene y ayuda a ampliar la cultura de la decencia más allá de nuestro propio ámbito. Uno forma parte de un sistema de normas y reglas informales mucho mayor que uno mismo. Cuando uno se comporta de forma virtuosa está contribuyendo a sustentar ese sistema. Cada vez que alguien le oye a uno decir «*googlear*» cuando habla de hacer búsquedas en Internet, está reforzando e intensificando el empleo de esa palabra como algo más que una marca comercial. Cada vez que recompensamos la confianza de alguien o hacemos ese esfuerzo extra, está animando a otros a hacer lo mismo.

Cuando uno emula el comportamiento honorable de los demás, está estimulando esa manera de actuar. Al negarnos a hacer circular los cotilleos más picantes, aun cuando sean ciertos, contribuimos a romper un círculo vicioso. Cuando nos negamos a reírnos de chistes hechos a expensas de terceros, aun cuando sean muy ingeniosos, ahorramos dolor a alguien y nos negamos a recompensar la crueldad de quien los ha contado. Ser buenos no sólo es bueno para nosotros y quienes nos rodean. También alienta a otros a serlo.

A veces resulta tentador olvidar el imperativo categórico y permitirse comportamientos que acaban pagando otros. Es fácil justificarse: uno es tan insignificante… ¿qué importancia podría tener hacer lo correcto en un momento dado? Cuando el camarero nos cobra de menos, ¿de verdad pasa algo si por una vez nos lo callamos? No. Ahora bien, si fuéramos por la vida con esa actitud nos rebajaríamos y haríamos causa común con aquellos que desalientan las costumbres y la cultura de la amabilidad. Es infinitamente más agradable estar en el otro bando.

La otra tentación es ser pesimista en lo que al mundo se refiere. Resulta fácil convencernos de que el mundo es un sitio repugnante y de que un solo acto de bondad, que además requiere cierto esfuerzo, no cambia mucho las cosas. ¿Cómo va a depender nada de mi propia pequeña aportación? Resulta tentador enviarlo todo al cuerno y tirar la toalla; hacer lo que nos venga bien y a los demás que los parta un rayo. A veces, cuando estoy en Internet y algún *trol* le da la vuelta a las palabras de alguien, humillando a su autor y regodeándose en ello, me siento tentado de responder con la misma moneda, y más aún cuando el *trol* en cuestión me ataca a mí. En realidad, ¿qué más da que evitemos o no esa clase de comportamiento? ¿Por qué no permitírnoslo, con más razón cuando podemos hacerlo de forma anónima? ¿Qué sentido tiene intentar explicar algo de manera tranquila y civilizada? La primera respuesta es que para la persona que está siendo grosera sí que supone una gran diferencia, ya que ser un *trol* corroe el alma. Pero más allá de eso, lo que Smith está diciendo es que cada comentario del tipo *trol* que realizamos es un paso que nos aleja de la amabilidad, tanto para quien lo hace como para todos los demás. Si todos siguiéramos dando pequeños pasos como ese, acabaríamos muy lejos de donde nos gustaría estar.

Hay muchas formas de hacer del mundo un lugar mejor. Tendemos a pensar en crear organizaciones cuyos fundadores obtienen el Premio Nobel de la Paz. O en presentarnos a cargos públicos. Smith nos recuerda que los pequeños pasos que damos también importan. Al sumarse a las acciones silenciosas de otros para establecer una cultura de la confianza mutua, la amabilidad y el respeto, acciones menos llamativas también suponen marcar la diferencia.

En *Middlemarch*, George Eliot resume la vida de su personaje Dorotea, una persona anónima, cuya vida no transcurrió en los círculos del poder ni la celebridad. No obstante, las personas famosas, dice Eliot, no son las únicas que marcan la diferencia:

> Su bien modelado espíritu tuvo hermosas consecuencias, aunque no fueron más visibles. Su cabal naturaleza, como la de aquel río cuyo empuje Ciro quebró, se derramó en canales que no fueron muy distinguidos en la tierra. Pero el efecto de su ser en los que tuvo a su alrededor fue incalculablemente expansivo, porque el creciente bien del mundo depende en parte de hechos sin historia, y que las cosas no sean tan malas para ti y para mí como pudieran haber sido, se debe en parte a los muchos que vivieron fielmente una vida oculta, y descansan en tumbas no frecuentadas.

Si queremos hacer del mundo un lugar mejor, esforcémonos en ser dignos de confianza y honremos a aquellos que lo son. Seamos buenos amigos y rodeémonos de amigos dignos. No hablemos mal de los demás. Resistámonos al chiste que puede herir los sentimientos de terceros, aun cuando sea ingenioso. E intentemos no reírnos cuando un amigo nuestro cuenta ese ingenioso chiste a expensas de otra persona. Ser buenos no sólo es bueno para nosotros y quienes nos rodean, sino que también ayuda a los demás a ser buenos. Demos buen ejemplo, y al ser dignos de estima no sólo seremos queridos, sino que también es posible que influyamos sobre el mundo.

Me gusta la actitud del Talmud con respecto a la transformación del mundo: «No estás obligado a terminar la obra. Sin embargo, no eres libre de renunciar a ella». Solo, uno representa muy poca diferencia. No obstante, hace su pequeña contribución, y eso redunda en uno mismo. Y cuando se une a otros, representa toda la diferencia del mundo.

Capítulo 9

Cómo no hacer del mundo un lugar mejor

Smith considera que lo que sustenta la civilización es la corriente de aprobación y censura que generamos todos al reaccionar ante la conducta de quienes nos rodean. Dicha corriente de aprobación y censura produce ciclos de retroalimentación que fomentan la buena conducta y desalientan la mala. Nuestra admiración y nuestro desprecio —orientados de manera correcta— alientan la virtud. Cuando nos mostramos amables, íntegros y dignos de confianza, contribuimos a establecer los atributos del espectador imparcial. Generamos una tendencia hacia la amabilidad.

Todos nuestros actos afectan a quienes nos rodean. Las ondas que producen se van expandiendo a medida que influimos a otras personas y a su vez ellas influyen sobre quienes forman parte de su círculo. Es como cuando una niña se encuentra estrellas de mar varadas en la playa por la marea y las arroja de nuevo al océano. Puede que alguien que pase por allí, al ver las miles de estrellas de mar que se quedan varadas, le diga a la niña que su tarea es inútil. ¿Cómo va a marcar ella la diferencia? Mientras arroja otra estrella de mar al agua, la niña responde: «Para esa sí que he marcado la diferencia». Todos los actos de bondad que realizamos tienen un impacto inmediato, pero la onda expansiva del espectador imparcial y las normas que establecemos tanto con nuestras acciones como al aplaudir o censurar las acciones de los demás ejerce un impacto añadido sobre el mundo que nos rodea.

Ahora bien, se trata de un sistema muy imperfecto. Las recompensas y los castigos son psicológicos. No siempre generamos las espirales de reacciones que sustentan el sistema. A veces fracasamos en plena tarea debido a nuestras acciones o como resultado de nuestra falta de voluntad o incapacidad para juzgar a los demás. Nos engañamos, convenciéndonos a nosotros mismos de que somos dignos de estima cuando no lo somos.

¿Acaso no podríamos hacer mejor las cosas? Los seres humanos estamos plagados de defectos. No nos conocemos a nosotros mismos y cometemos errores constantemente, y gran parte de lo que hacemos a sabiendas es pura y simplemente malvado. Somos crueles. Explotamos a los débiles y nos aprovechamos de los ignorantes, y sabemos cómo remediar todo eso. Simplemente hay que desalentar el mal comportamiento y alentar el bueno. En lugar de devolver al agua, de una en una, una estrella de mar, en lugar de realizar una buena acción aquí o allá o de honrar a las personas dignas de amor que nos rodean, ¿no sería mejor utilizar una pala? (O mejor aún, una retroexcavadora.) ¿Por qué no recurrir al Estado para mejorar las cosas todavía más? En lugar de conformarnos con pequeñeces, ¡pensemos a lo grande!

Smith fue un defensor del mercado libre y de la libertad económica en general. Ahora bien, no era un anarquista ni un libertario. Comprendía que los Estados contribuyen de forma importante a la hora de hacer factible eso que los economistas contemporáneos denominan mercados y que, en *La riqueza de las naciones*, Smith consideraba como la propensión humana a cambiar una cosa por otra, es decir, «permutar, trocar e intercambiar». Smith fue un liberal clásico, es decir, un liberal en el sentido original del término: alguien que valoraba la libertad y era partidario de limitar los poderes del Estado. Consideraba que el Estado tenía que desempeñar un papel central a la hora de proporcionar una defensa nacional, un sistema judicial y elementos básicos de infraestructura como las carreteras y los puentes, ámbitos en los que consideraba que, a falta de asistencia gubernamental, el sector privado se enfrentaría a grandes dificultades.

En *La riqueza de las naciones,* Smith tiene cosas buenas que decir en ocasiones sobre la intervención del Estado fuera de estos ámbitos. Ahora bien, existen algunas actividades de los gobiernos a las que Smith se opuso con gran vehemencia. Una de ellas es lo que ahora denominaríamos «política industrial», es decir, seleccionar a industrias particulares para recibir subvenciones o ayudas públicas. También advirtió contra los peligros de pensar que los dirigentes políticos pueden ayudar a la gente a averiguar cuál sería la mejor manera de utilizar sus conocimientos o invertir su capital. Intentar hacer tal cosa no sólo expondría a ese dirigente a «innumerables ilusiones», sino que tal dirigente tampoco tendría nunca el conocimiento o la sabiduría necesarios para conducir a la gente o a los capitales de maneras que beneficiaran a la sociedad en conjunto.

No obstante, Smith reservaba el colmo de su desprecio para aquel al que, en *La teoría de los sentimientos morales,* denomina el «hombre de sistema», el líder que alberga un proyecto de reconstrucción de la sociedad de acuerdo con un plan maestro o una concepción del mundo. Advirtió de que tales personas se enamoran de su concepción de la sociedad ideal y pierden la capacidad de concebir la posibilidad de que se produzca desviación alguna con respecto a semejante dechado de perfección. Se muestran ciegos ante los damnificados por esa concepción o quienes resultan perjudicados por su puesta en práctica. Debido a su entusiasmo, el visionario —el hombre de sistema— pierde de vista que existen ciertas fuerzas naturales que pueden obrar en contra de su plan, trastornarlo, perturbar a la sociedad y acarrear consecuencias inesperadas.

El hombre de sistema, dice Smith, cree que puede mover a los seres humanos con la misma facilidad con la que la mano humana mueve las piezas sobre un tablero de ajedrez. El problema reside en que el hombre de sistema ignora las reglas del ajedrez. Coloca las piezas aquí y allá sobre el tablero, como mejor le parece, desconociendo sus movimientos naturales, impuestos por las reglas del juego.

> El hombre doctrinario, en cambio, se da ínfulas de muy sabio y está casi siempre tan fascinado con la supuesta belleza de su proyecto político ideal que no soporta la más mínima desviación de ninguna parte del mismo. Pretende aplicarlo por completo y en toda su extensión, sin atender ni a los poderosos intereses ni a los fuertes prejuicios que puedan oponérsele. Se imagina que puede organizar a los diferentes miembros de una gran sociedad con la misma desenvoltura con que dispone las piezas en un tablero de ajedrez. No percibe que las piezas del ajedrez carecen de ningún otro principio motriz salvo el que les imprime la

> mano, y que en el vasto tablero de la sociedad humana cada pieza posee un principio motriz propio, totalmente independiente del que la legislación arbitrariamente elija imponerle. Si ambos principios coinciden y actúan en el mismo sentido, el juego de la sociedad humana proseguirá sosegada y armoniosamente y muy probablemente será feliz y próspero. Si son opuestos o distintos, el juego será lastimoso y la sociedad padecerá siempre el máximo grado de desorden.

«Hombre de sistema» es un nombre muy apropiado para esos reformadores del mundo que acostumbran a proclamar su capacidad de crear al hombre nuevo: los Pol Pot, los Stalin y los Mao, dictadores dotados de un sistema ideal que creían poder imponer de arriba abajo. El resultado fue el descrito por Smith: el máximo grado de desorden y desastre. En todas esas sociedades, millones de personas murieron debido a las hambrunas y al asesinato de aquellos que se oponían, de manera real o imaginaria, a la concepción perfecta ofrecida por el líder.

Ahora bien, Smith está diciendo algo más aparte de que los tiranos son malvados. También está haciendo una advertencia fundamental a los políticos y a quienes estén dispuestos a apoyarles: cuando se intenta legislar sobre el comportamiento en un mundo complejo, hay que recordar que la gente alberga ciertos deseos y sueños naturales. Puede que las leyes no logren lo que pretenden sus partidarios, y es probable que engendren problemas imprevistos. A los seres humanos les gusta hacer lo que les apetece. Se empieza a una edad temprana: una criatura pequeña quiere que el mundo vaya en el sentido que a él o a ella le plazca y es incapaz de concebir que las cosas sean de otro modo. Una legislación que vaya en contra de los impulsos naturales del deseo humano —que intente imponer su voluntad a las piezas de ajedrez en lugar de respetar sus movimientos naturales— acabará por naufragar y desembocar en «el máximo grado de desorden».

Muchos de los fracasos políticos del mundo encajan en esta Falacia del Tablero de Ajedrez; se trata de las consecuencias de intentar mejorar o manipular a gente que no necesariamente quiere ser mejorada o manipulada. Los fracasos políticos de Estados Unidos en Irak son un ejemplo de los retos que entraña intentar imponer una visión no compartida por todas las piezas del tablero. La política militar y diplomática estadounidense es un sistema complejo en el que los jugadores están animados por toda clase de motivaciones, tanto altruistas como egoístas. Sin embargo, en este caso la visión que los jugadores tenían de Irak como una especie de democracia apacible no correspondía a la realidad.

Pensemos también en la guerra contra las drogas, la tentativa de tantos gobiernos de reducir la oferta y el consumo de drogas recreativas. He conocido a personas bondadosas, empáticas y sinceras que consideran las drogas recreativas como una gran plaga. Sin duda, algunos consumidores de drogas se destruyen a sí mismos y destruyen a sus familias debido a su incapacidad de controlar sus deseos.

No obstante, la guerra contra las drogas ha fracasado, a despecho de los deseos de esas personas bondadosas, empáticas y sinceras, y a despecho de todos los perjuicios que conlleva el consumo de drogas. La guerra contra las drogas ha fracasado porque demasiadas piezas de ajedrez se mueven como ellas quieren; hay demasiada gente a la que le gusta consumir drogas, y hay demasiada gente que ve en esos deseos una fuente potencial de beneficios, lo que sin duda es cierto. Es muy difícil obstaculizar esa propensión natural a permutar, trocar e intercambiar. Se producirán transacciones entre la gente que quiera consumir drogas y quienes deseen satisfacer ese deseo debido a los beneficios resultantes. Podemos intentar impedirlo, pero es como comprimir un globo en un punto: tiende a hincharse en otro.

La guerra contra las drogas ha fracasado completamente en lograr el objetivo declarado de quienes encabezaron la cruzada moral contra las drogas; no ha erradicado ni de lejos la oferta de drogas. Sin embargo, la política en materia de drogas no sólo no ha impedido que la gente lograra obtener estas sustancias, sino que además ha generado el máximo grado de desorden en aquellos lugares donde estaba concentrado el consumo y la venta de drogas. Ha producido elevados beneficios para aquellos traficantes que estaban dispuestos a arriesgarse a ser detenidos y procesados, y ha engendrado violencia y muerte a medida que los traficantes competían entre sí por obtener esos grandes beneficios. Y no han muerto sólo traficantes. Entre las víctimas del fuego cruzado también ha habido inocentes.

La violencia siguió ascendiendo por la cadena de suministro hasta desembocar en una guerra entre los carteles de la droga de México y Colombia, por no hablar de las complicaciones surgidas cuando Estados Unidos planteó exigencias a gobiernos extranjeros. Esas exigencias y las acciones en que derivaron tienen su origen en la voluntad de los ciudadanos de determinada nación de satisfacer los deseos de los ciudadanos de otra. Pese a todos los esfuerzos y el increíble gasto que conlleva, esos deseos siguen siendo satisfechos: es evidente que las drogas siguen siendo accesibles para la gente que quiere obtenerlas.

Éstos no son los únicos daños causados por la guerra contra las drogas. Ha corrompido a los departamentos de policía, ya que a algunos agentes y administradores parece costarles no quedarse con su parte de los beneficios.

Ahora bien, aun en los casos en que la policía logra evitar la tentación de la corrupción palpable, se la ha presionado para que sea más agresiva a la hora de tratar de localizar las drogas y a los traficantes. De manera inevitable, se cometen errores y ciudadanos inocentes se encuentran con la policía en la puerta de su casa.

Por diversos motivos, pese a su fracaso y al desorden resultante, la guerra contra las drogas continúa. A la policía le gusta: le permite confiscar propiedades y aumentar su presupuesto. A la industria del alcohol le gusta porque eleva el precio de las drogas recreativas, lo que convierte al alcohol en una alternativa más atractiva de lo que sería en caso contrario. Ahora bien, mucha gente normal y corriente que simplemente cree que consumir drogas es una mala idea sigue apoyando esta política, y esa es una de las razones por las que persiste.

A la gente le cuesta entender que podría estar bien que las drogas recreativas fueran legales a la vez que se siguiese desalentado su consumo entre los niños y otros sectores de población. Les cuesta recordar que existen otras formas de cambiar el mundo además del recurso a las leyes. Dan la espalda a la posibilidad de que los movimientos naturales de las piezas de ajedrez puedan llegar a frustrar sus mejores intenciones.

Adam Smith nos recuerda que a veces es mejor recurrir a otras formas de influir sobre el gran tablero de ajedrez que es la sociedad. En Estados Unidos hay mucha gente que querría que se prohibiera fumar, pero hasta ahora han fracasado todos los intentos en ese sentido. Pese a que fumar no ha dejado de ser legal, durante la última mitad del siglo xx, el consumo de tabaco per cápita en Estados Unidos descendió en un cincuenta por ciento. Se trata de un cambio de una magnitud enorme. Por supuesto, dicen los detractores, pero podíamos y deberíamos haberlo reducido a cero. Ahora bien, eso es una fantasía que da la espalda al tablero de ajedrez y a los movimientos naturales de las piezas presentes en él. Permitir que el consumo de tabaco siguiera siendo legal abrió el camino a otras formas de desalentarlo. Algunas de estas formas fueron legislativas —prohibiciones de fumar en los restaurantes, por ejemplo, e impuestos—, pero la mayor parte del cambio fue de índole cultural y se produjo de abajo arriba. Fumar ya no está de moda ni *mola*, como era el caso durante la primera mitad del siglo xx. La norma cultural según la cual fumar es un vicio antihigiénico y peligroso surgió a medida que se iban acumulando pruebas médicas y la gente reaccionaba individualmente ante esas pruebas.

¿No habría sido mejor aún, además de que surgieran todas esas normas, haber ilegalizado el consumo de tabaco? Puede ser. Ahora bien, lo que Smith pretende demostrar es que el mundo es un lugar complejo. Las fuerzas intrínsecas al sistema interactúan con la legalidad de formas desconocidas, imprevisibles y complejas. A veces la forma más eficaz de que los políticos hagan del mundo un lugar mejor es dejándolo en paz.

Cabe extraer una lección similar en lo que se refiere a la crianza de los hijos. A los padres les cuesta dejar en paz a sus hijos. Merodeamos a su alrededor, les exhortamos y los empujamos en direcciones que creemos que les beneficiarán más adelante. Y a veces estamos pensando en nosotros mismos: intentamos evitar que nuestros hijos cometan errores que cometimos nosotros aun cuando esos errores contribuyeran a convertirnos en quienes somos, o alentamos a nuestros hijos a seguir rumbos que nosotros nos arrepentimos de no haber seguido.

Dentro de todos nosotros conviven dos impulsos contradictorios. Es cierto que todos los seres humanos quieren que los dejen en paz para poder hacer lo que quieran, y todo padre es consciente de que ese deseo arranca a una edad temprana. Sin embargo, también nos encanta decirles a los demás lo que tienen que hacer. Cuando tratamos de imponer a nuestros hijos nuestra voluntad, a veces olvidamos ese primer principio. Así que incitamos a nuestra hija a tomar lecciones de piano porque nosotros querríamos haber pasado más tiempo aprendiendo a tocar un instrumento musical. A veces, el resultado es una niña a la que le encanta tocar el piano; otras veces, es una niña a la que no sólo no le gusta tocar el piano, sino que lo detesta y jamás vuelve a tocar uno desde el mismo instante en que abandona el hogar familiar.

En una fábula de Esopo, el sol y el viento discuten acerca de cuál de los dos es el más fuerte. Deciden resolver la disputa utilizando a un hombre que va caminando: ¿cuál de los dos logrará hacer que se quite el abrigo? El viento sopla, primero con fuerza y luego con mayor intensidad aún, pero lo único que consigue es que el hombre se ciña el abrigo cada vez más. Luego sale el sol, y el hombre, cuando nota de repente su calor, se quita jubiloso el abrigo. El viento no sólo es ineficaz, sino que acaba obteniendo el resultado opuesto al deseado. Paradójicamente, puede que sea mejor dejar algunas cosas como están que intentar dirigirlas.

A veces, incitar a nuestros hijos (o a nuestros conciudadanos) a hacer algo supuestamente deseable no sólo conduce al fracaso, sino también a una situación peor que la inicial. A las piezas de ajedrez no les gusta que las anden avasallando. Si sermoneamos incansablemente a nuestros hijos sobre los males del tabaco, bien podría ser que acaben fumando por el único placer de desafiarnos. El mundo es un lugar complejo. Cuando uno intenta imponer su voluntad a una pieza del sistema, no todas las palancas que accionemos van a tener el efecto imaginado o deseado.

La independencia de las piezas de ajedrez y su deseo de salirse con la suya de formas que los demás no siempre entendemos plenamente, también nos recuerda que no todas las leyes consiguen aquello a lo que sus partidarios aspiraban o decían aspirar. Ni todas las leyes son obedecidas, ni todas se hacen cumplir. El hecho de que una ley se apruebe no significa que el problema que pretendía solucionar se resuelva. A veces la ley no hace sino agravar ese problema o enmascarar efectos secundarios que benefician a sectores que actúan en interés propio.

El consejo que Smith da acerca del hombre de sistema se dirige a todos aquellos que creen tener una concepción del mundo que habría que imponernos a los demás. Tales líderes y políticos son tan propensos al autoengaño como cualquiera. Incluso cuando empiezan defendiendo una determinada postura sólo para salir elegidos, sostiene Smith, acaban por convencerse a sí mismos de que es verdadera:

> Esos mismos líderes, aunque originalmente pudieron no haber pretendido otra cosa que su propia exaltación, terminan en muchos casos siendo víctimas de su propia sofistería, y anhelan tanto esa magna reforma como el más mentecato y bobo de sus seguidores.

La advertencia de Smith también se dirige a nosotros, ciudadanos que queremos hacer del mundo que nos rodea un lugar mejor. Nos advierte de que los utopistas pueden ser peligrosos y de que el mundo es un lugar complejo. A veces las pequeñas cosas que hacemos en la vida cotidiana tienen mayor impacto que los movimientos políticos a los que nos afiliamos y a los que apoyamos.

En el webcómic *XKCD* vemos una viñeta de un hombre sentado ante un ordenador. Primero habla alguien desde fuera de la viñeta:

> —¿Vienes a la cama?
>
> —No puedo. Esto es importante.
>
> —¿El qué?
>
> —Alguien *está equivocado* en Internet.

Nos tienta pensar que todo lo importante ocurre en público. Nos tienta creer que podemos recurrir a la política para hacer del mundo un lugar mejor poniendo en práctica buenas políticas y apoyándolas. Nos tienta pensar que las disputas en la blogosfera, así como en Twitter y Facebook, donde nos peleamos con todos aquellos que están equivocados en Internet, son realmente importantes.

Smith nos está recordando que no es en la política donde transcurre la vida. Las leyes y los actos de gobierno afectan nuestras vidas de muchísimas formas, buenas y malas, pero tenemos infinidad de cosas que hacer fuera de ese mundo. ¿Queremos hacer del mundo un lugar mejor? Hablemos con nuestros hijos. Salgamos por ahí con nuestra pareja sin comprobar el correo electrónico. Leamos más a Adam Smith, a Jane Austen y a P. G. Wodehouse, y leamos menos el *Daily Kos* y el *Drudge Report.*[25] Sonriámosle a alguien a quien no conocemos o que ni siquiera nos caiga bien. Seamos amables con nuestros padres, porque jamás podremos compensarles por lo que hicieron por nosotros. Nada de esto se refleja necesariamente en las evaluaciones del producto interior bruto. Estas acciones no contribuyen a pagar nuestras facturas. Tampoco suelen figurar en nuestras listas de «cosas que tengo que hacer», así que no podemos gozar de la satisfacción de ir tachándolas. Puede transcurrir una semana entera y no pasará nada por no hacerlas. Ahora bien, yo creo que son la esencia misma de una vida plena.

Al evocar los peligros del hombre de sistema, Smith pretende advertirnos de que nos guardemos de la arrogancia. Creemos que podemos mover esas piezas de ajedrez en la dirección que queramos. Creemos saber lo que más les conviene. Lo que Smith está diciendo es que

25 Blog político estadounidense que publica noticias y opiniones formuladas desde una perspectiva liberal. El *Drudge Report* es un agregador de noticias dirigido por Matt Drudge con la asistencia de Charles Hurt, y compuesto principalmente de enlaces con historias de Estados Unidos y de los principales medios de comunicación internacionales sobre política, entretenimiento y acontecimientos de actualidad; también contiene enlaces con muchos columnistas. Sus puntos de vista suelen considerarse conservadores. (N. del t.)

incluso cuando tenemos razón, incluso si creemos saber qué es lo que conviene a los demás, es mejor dejarles en paz, porque nuestros intentos no sólo fracasarán o se quedarán cortos: a veces harán más daño que bien. A veces es mejor apartarse del tablero y poner nuestras miras en terrenos de juego más pequeños y mejores que el tablero de ajedrez de la sociedad.

Capítulo 10
Cómo vivir en el mundo contemporáneo

El fuego ya está casi extinguido y prácticamente reducido a brasas. Mi vaso de whisky escocés está vacío, pese a que ha sido rellenado al menos una vez. ¿Qué hora será? Difícil saberlo. Sé que llevo rato aquí. He llegado a conocer a mi anfitrión un poco mejor que antes. Es encantador, en parte debido a sus modales chapados a la antigua. Tiene un acento delicioso. Pero, por supuesto, hay algo más. Ha pensado largo y tendido sobre la raíz de las cosas, y sabe cómo expresar lo que tiene que decir de formas que a uno le llegan a lo más hondo. No olvidaré fácilmente esta velada.

Tengo una pregunta final para el gran hombre, pero creo que se encuentra un poco cansado. Yo también lo estoy. Debería dejarle en paz. Es tarde. Dejo mi vaso sobre la mesita que hay junto a mi silla y doy a mi anfitrión las gracias por su tiempo.

¿Que cuál era la última pregunta? Aquella que tanto ha hecho especular a los seguidores de Smith y también a algunos de sus detractores. ¿Cómo es posible que el hombre que contribuyó a poner en marcha la odisea del capitalismo, el hombre que comprendió el poder del egoísmo, el que proporcionó al liberalismo su armazón intelectual, el autor de *Una investigación sobre la naturaleza y las causas de la riqueza de las naciones* —libro que trata sobre la riqueza, el materialismo y el nivel de vida—; cómo es posible, insisto, que ese mismo hombre escribiera *La teoría de los sentimientos morales*? *La riqueza de las naciones* no contiene prácticamente ninguna alusión al altruismo, la amabilidad, la compasión, la serenidad o la amabilidad. ¿Cómo puede ser? Smith escribió *La teoría de los sentimientos morales* antes que *La riqueza de las naciones.* Revisó *La teoría de los sentimientos morales* antes de que se publicara *La riqueza de las naciones.* ¿Acaso tendría presentes algunas de esas ideas mientras redactaba su otra gran obra?

En *La teoría de los sentimientos morales* prácticamente no aparece apología alguna de la vida mercantil. Como vimos antes, Smith desprecia la ambición material por sí misma. No obstante, pese al potencial de la ambición material para corromper nuestras almas y perjudicarnos, Smith reconoce, en *La teoría de los sentimientos morales,* que es capaz de engendrar grandes beneficios para los demás: la ambición nos empuja a esforzarnos, a innovar, a mejorar, a acumular y a producir. Desde el punto de vista de Smith, si bien exageramos enormemente los beneficios de la acumulación de riqueza de cara a nuestra propia felicidad, fue la ambición la que condujo al nacimiento de la agricultura, la que llevó a los seres humanos a fundar ciudades y la que nos llevó a describir las grandes verdades de la ciencia y de las artes, así como a «embellecer la vida humana».

Desde el punto de vista de Smith, el gran terrateniente que supervisa la producción de sus campos cree poder consumirlo todo; en sus propias palabras: «Los ojos son más grandes que el estómago». De ahí que cuando amplía sus dominios y cultiva más tierra, cree hacerlo para satisfacer su gran apetito, cuando en realidad sus deseos son bastante limitados. De ese modo acaba por compartir su gran excedente de producción contratando a personas que trabajen sus tierras y mantengan su gran mansión, que cuiden de sus jardines y tengan a punto sus carruajes. El resultado, sin quererlo, es una vida decente para docenas de personas más.

Este es el resumen que ofrece Smith de lo que realmente logran los hombres acaudalados de gran ambición:

> Una mano invisible los conduce a realizar casi la misma distribución de las cosas necesarias para la vida que habría

> tenido lugar si la tierra hubiese sido dividida en porciones iguales entre todos sus habitantes, y así sin pretenderlo, sin saberlo, promueven el interés de la sociedad y aportan medios para la multiplicación de la especie. Cuando la providencia distribuyó la tierra entre unos pocos patronos señoriales ni olvidó ni abandonó a los que parecían haber quedado excluidos del reparto. También éstos disfrutan de una parte de todo lo que produce. En lo que constituye la genuina felicidad de la vida humana no están en ningún sentido por debajo de quienes parecerían ser tan superiores a ellos. En el desahogo del cuerpo y la paz del espíritu todos los diversos rangos de la vida se hallan casi al mismo nivel, y el pordiosero que toma el sol a un costado del camino atesora la seguridad que los reyes luchan por conseguir.

Se trata de la única vez que Smith emplea la metáfora de la mano invisible en *La teoría de los sentimientos morales*. En *La riqueza de las naciones* sólo la emplea también una vez. En ambos casos, se refiere a que el egoísmo puede acarrear beneficios para otros, lo que dista mucho de la grandiosa interpretación que algunos hacen de dicha metáfora en la actualidad. Si nos remontamos al siglo XVIII desde el XXI, cuesta aceptar el punto de vista de Smith según el cual la calidad de vida del mendigo que toma el sol en el arcén de la carretera es similar a la de los ricos y poderosos.

Pero dejemos eso de lado. Lo que quiero subrayar es que la mejor defensa que Smith puede realizar de la prosperidad material y la economía en las páginas de *La teoría de los sentimientos morales* resulta escasamente convincente. Está diciendo que los seres humanos somos impetuosos y ambiciosos, y que si bien estas cualidades no nos añaden gran valor como individuos, en última instancia han sido las que nos llevaron a salir de las cuevas y a gozar de la luz de la civilización. Supongo que eso no deja de ser un cumplido, si bien bastante indirecto.

Pero, entonces, ¿qué pensaba Smith? ¿Cómo llegó a escribir dos libros que parecen tan distintos? La respuesta, creo yo, nos indica algo acerca de Smith, pero también algo acerca de nosotros mismos. La perspectiva de Smith en cada uno de sus dos grandes libros nos enseña algo muy útil para vivir en el mundo contemporáneo.

Antes de que Einstein descubriera la relatividad, antes de que Rodin esculpiera *Los burgueses de Calais*, antes de que existieran la Torre Eiffel y el Edificio Chrysler, antes de que Bruto de Troya fundara Londres, antes de que el primer ser humano se diera cuenta de que se podía plantar una semilla y esperar a que creciera, antes de que la ambición profundamente arraigada en nosotros provocara todos estos cambios en la condición humana, éramos, por lo visto, cazadores y recolectores agrupados en pequeñas bandas y clanes. La subsistencia era lo máximo a lo que se podía aspirar, y no era algo fácil de lograr. La vida era frágil; la muerte llegaba pronto y con frecuencia.

En semejante mundo, la forma en que uno se interrelacionase con sus semejantes suponía la diferencia entre la vida y la muerte. No existía ninguna compañía de seguros que asegurase la lanza de nadie. No existía Estado alguno que proporcionara subsidios por discapacidad en el caso de que uno se rompiera la pierna persiguiendo la cena. La gente debía apoyarse unos a otros. La confianza mutua era fundamental. La negativa a contribuir, a ayudar, a cumplir con la parte que a cada cual le tocara, sin duda debía de castigarse de forma implacable y eficiente, por medio de la vergüenza y la ira públicas la primera vez, pero en última instancia con la expulsión y el exilio o la muerte. Todas las familias, todas las familias extensas, y puede que todas las tribus y clanes, compartían aquello que poseían por necesidad.

Los círculos sociales de la vida primitiva eran muy pequeños. La misma gente se veía una y otra vez todos los días. Unas relaciones tan repetidas permitían castigar fácilmente a quienes actuasen de manera cruel o egoísta, así como recompensar a quienes ayudasen al resto del clan. Ahora bien, no debía de ser ningún paraíso salido de la pluma de Jean-Jacques Rousseau. La escasez era la base de la existencia física. A menudo —puede que casi siempre— no había suficiente para todo el mundo. El canje con otros, ya fuese dentro de la familia o con tribus o clanes próximos, debió de comenzar en algún momento como una manera de aumentar la disponibilidad de bienes. Esto habría ampliado un poco el círculo de los contactos, pero no mucho. En última instancia, había que confiar en quienes estuvieran cerca y temer a quienes estuvieran lejos. No podía ser de otro modo. La línea de separación entre la vida y la muerte era frágil. Había escaso margen de error. Se hacía acopio de las provisiones disponibles con los seres más cercanos, asegurándose de que los extraños no pudieran llevárselas. Las relaciones con los seres próximos lo eran todo. Apenas importaba ninguna otra cosa.

La vida contemporánea es muy distinta. Como señaló Adam Smith en *La riqueza de las naciones*, la división del trabajo fue a la vez causa y consecuencia de la prosperidad, y es el fundamento de la vida económica contemporánea, que nos permite ir más allá de la subsistencia. Los pequeños grupos de personas —por mucho talento, conocimientos, fuerza o inteligencia que posean— no pueden ser ricos de acuerdo con criterios contemporáneos durante un periodo de tiempo continuado.

Imaginémonos que vamos a naufragar en una isla deshabitada de grandes dimensiones. La buena noticia es que es rica en minerales y recursos naturales, que hay manadas y rebaños de animales domesticados, que la tierra es fértil, y que el clima es templado y agradable.

También hay ríos y arroyos rebosantes de peces y de belleza natural. Otra buena noticia es que no hace falta que estemos solos allí. Podemos elegir a noventa y nueve personas y llevarlas con nosotros: gente a la que se le dé bien pescar, construir y sobrevivir. Gente que entienda de electricidad, de metalurgia y que posea gran parte de los conocimientos de los que depende nuestro estilo de vida contemporáneo, y que nos aportará sus habilidades y su sabiduría. Pueden traer consigo libros y artículos que expliquen en detalle todos los aspectos de la industria y la agricultura contemporáneos.

¿Cuánto tiempo les llevaría a un centenar de personas inteligentes, hábiles, con talento y recursos organizar una sociedad próspera? ¿Una década? ¿Un siglo? ¿Un milenio? Puede que mi isla imaginaria acabe prosperando, pero sólo si la población aumenta y surgen mercados que organicen los conocimientos y el saber de la gente para permitirle trabajar de forma productiva. ¿Por qué es tan importante el tamaño de la población? Trabajando por mi cuenta, puede que sea capaz de fabricar veinte lápices al día. Ahora bien, siempre que haya cooperación y el proceso productivo vaya refinándose, en un año veinte personas pueden producir miles de lápices, y con la tecnología adecuada, centenares de miles de ellos. Eso es posible porque cada persona puede especializarse en una pequeña parte del proceso de producción. La división del trabajo desata una productividad increíble. Los individuos pueden trabajar en una parte del proceso que se les dé bien; al especializarse, pueden llegar a hacerlo cada vez mejor, y se puede aplicar la tecnología a cada parte del proceso, lo que multiplica las capacidades físicas y psíquicas de cada cual.

Así que en lugar de fabricar mi propio lápiz, trabajo en otra cosa y utilizo el dinero que obtengo para comprar lápices. Al depender de otras personas para obtener prácticamente todo aquello de lo que disfrutamos —nuestros alimentos, nuestra ropa, nuestra casa y así sucesivamente— podemos gozar de una cantidad de cosas que eclipsan aquello de lo que pudieron disfrutar nuestros antepasados hace apenas un siglo. Ese incremento es el fruto de la productividad y de la innovación desencadenada por la división del trabajo y el intercambio con miles de millones de personas de todo el mundo. Sin esa división del trabajo y esa innovación —si tuviéramos que depender, pongamos, exclusivamente de nuestra familia y nuestros amigos, con independencia de su grado de talento— nos encontraríamos al borde de la subsistencia, es decir, la realidad económica preponderante durante la mayor parte de la historia de la humanidad. Hoy en día la gente más pobre del mundo sigue luchando por sobrevivir, al margen del talento que tengan, porque sólo están conectados económicamente con personas próximas a ellos.

Lo que llamamos civilización —los lujos de la calefacción, la electricidad, el transporte, los cuidados médicos, las comunicaciones y todo lo demás— requiere que interactuemos a diario con millones de personas a las que nunca podremos conocer. Nuestra forma de actividad económica contemporánea es muy distinta de la de nuestros antepasados. Exige un conjunto de normas sociales e instituciones legales muy distintas que nos permitan hacer negocios unos con otros. Como señaló el escritor Leonard Read, incluso un producto extremadamente sencillo, el lápiz, exige la colaboración de millones de personas que ni siquiera están coordinadas entre sí. El poder de la colaboración que surge —sin coordinador ni director, a través de la propensión humana a permutar, trocar e intercambiar— suele denominarse «el mercado», pero la versión de manual de esta idea es estéril y mecanicista. Smith la concebía como un proceso orgánico rico y variado.

En *La teoría de los sentimientos morales,* Smith sostiene que nos importan más las personas que nos rodean que las que se encuentran más alejadas de nosotros. Por eso somos capaces de conciliar el sueño cuando mueren millones de personas como consecuencia de un terremoto que se ha producido en el otro lado del mundo. Un terremoto en la otra punta de la ciudad es algo muy distinto. Un terremoto que le cueste la vida a uno de nuestros familiares más queridos es algo todavía peor. *La teoría de los sentimientos morales* es un libro que trata abrumadoramente sobre las personas más próximas a nosotros, aquellas con las que podemos simpatizar activamente: nuestra familia, nuestros amigos y nuestros vecinos inmediatos. *La teoría de los sentimientos morales* es un libro que trata sobre nuestro espacio personal, sobre cómo nos ven los demás y cómo nos relacionamos con ellos. No es un libro acerca de los extraños, sino un libro sobre la gente a la que vemos a menudo, en algunos casos a diario, y también es un libro que analiza cómo nuestras relaciones con quienes nos rodean conforman nuestra vida interior y nuestro comportamiento.

En *La riqueza de las naciones,* Smith escribe sobre cómo nos comportamos en un mundo de intercambios impersonales, que inevitablemente es un mundo de extraños. En tiempos de Smith, uno conocía a su carnicero, pero no conocía al ganadero que criaba a la vaca. Uno no conocía tampoco al conductor del carro que llevaba la vaca al matadero, ni al herrero que fabricaba el cuchillo con el que se sacrificaba la vaca. En 1759, no conocíamos ni teníamos forma de conocer a la mayor parte de las personas responsables del asado que terminaba sobre nuestro plato. Hoy en día conozco a un número todavía más reducido de las personas que intervienen en la fabricación de los productos de los que disfruto; el poder de la división del trabajo se ha desencadenado hasta un extremo que quizá hubiera sorprendido al propio Smith.

En un mundo de intercambios impersonales, en un mundo civilizado de comercio global, en una economía moderna, el intercambio suele ser impersonal salvo en su tramo final; y en el mundo contemporáneo, cuando pido algo por Internet o lo compro en el súper, puede que la única persona con la que tenga trato sea la cajera, e incluso ese contacto cara a cara está siendo suprimido por la tecnología. Salvo en un mercado de ganado o una feria de artesanía, es posible que no vea a ninguna de las personas que participan en la fabricación de aquello que compro.

Si no puedo ver a la gente con la que permuto, troco e intercambio, será difícil que esa gente me importe. Puede que me importen un poco; puede que pague un suplemento por una taza de café con la esperanza de que las personas que cultivaron los granos ganen un poco más. Ahora bien, en términos generales y por naturaleza propia, en conjunto mis intercambios son egoístas. Sería improbable que alguien pagara por un coche en función de su preocupación por el fabricante o incluso para ayudar a la vendedora con la que negocia en persona en un concesionario local.

Hay quien considera esta falta de relaciones interpersonales como una gran pérdida. Quizá lo sea. No obstante, constituyen el precio inevitable de la modernidad y de la riqueza. Comerciar sólo con personas que nos importan o a las que podemos ver y con las que podemos relacionarnos reduciría la cantidad de personas con las que podríamos comerciar a un número muy limitado, y lo que eso significaría es que seríamos muy pobres. El movimiento de «consumo local» ha tenido éxito con unos pocos productos, como los alimentos y algunos artículos de artesanía. La capacidad de ampliar el ámbito del movimiento es muy limitada. El consumo local ya lo probamos una vez: se llamaba la Edad Media. Por supuesto, en aquel entonces y por muchas razones, la gente era más pobre que ahora. Sin embargo, una de las razones por las que la gente era pobre en la Edad Media era que cuando se comercia sobre todo con gente que vive cerca, lo más probable es que uno sea muy pobre. Cuando los socios comerciales son tan limitados en número, la división del trabajo es sencillamente insuficiente. La autosuficiencia es el camino que conduce a la miseria.

Al escribir *La riqueza de las naciones*, Smith se interesó por cómo se comporta la gente al intercambiar a distancia. No sólo estaba escribiendo acerca del comercio con extranjeros, pese a que buena parte del libro está consagrada a lo que denominamos el comercio internacional. Estaba escribiendo sobre toda clase de comercio con extraños, tanto dentro de nuestras fronteras como fuera de ellas. Cuando uno piensa y escribe acerca de ese mundo, lo mejor es dar por supuesto que los seres humanos son fundamentalmente egoístas. Así pues, *La riqueza de las naciones* es un libro que trata sobre nuestra vertiente egoísta.

No obstante, nuestras relaciones con los demás van mucho más allá de lo comercial y lo material. Tenemos diversos círculos de amigos y familiares vinculados a nuestro trabajo, nuestras aficiones y a todas las formas que tenemos de asociarnos a los demás para gozar de momentos de vida en común y actividades de ocio. De este modo, dotamos a nuestras vidas de placer y significado. Son estas relaciones las que Smith estudia en *La teoría de los sentimientos morales*. Sería absurdo dar por sentado que en toda la diversidad de nuestras relaciones —como hermanos, padres, primos, compañeros de trabajo, parroquianos, miembros de clubes de ciclismo, socios de gimnasio y todos los demás roles en los que entramos en contacto cara a cara— sólo participamos de manera egoísta.

Smith no consideraba a los seres humanos unos santos. Tenía una imagen nítida de nosotros. Es cierto: hasta en esos papeles en los que entramos en contacto cara a cara con gente que nos importa en grados variables, a menudo pensamos más en nosotros que en los demás. Podemos engañarnos y creer en la bondad de nuestra conducta.

No obstante, sí que nos importan las personas que nos rodean, a veces muchísimo, y como Smith nos explica con gran precisión, no cabe duda de que nos importa lo que piensan de nosotros.

La teoría de los sentimientos morales sencillamente tiene un foco de atención diferente del de *La riqueza de las naciones.* No se trata de que Smith adopte un punto de vista distinto acerca de la naturaleza humana, ni que presente una teoría diferente de cómo se comporta la gente, ni una visión más optimista de la humanidad. El autor de *La teoría de los sentimientos morales* y de *La riqueza de las naciones* era el mismo hombre, y poseía una visión coherente de la humanidad. Lo que le interesaba fundamentalmente era cómo se comportaba realmente la gente, no cómo a él le hubiera gustado que se comportara. Le interesaba comprender el comportamiento humano. Así que en cada uno de estos libros el énfasis no es el mismo porque estaba escribiendo sobre dos ámbitos de la existencia muy diferentes.

La decisión de Smith de dedicar libros distintos a ámbitos diversos viene bien para recordarnos los retos a los que nos enfrentamos en el mundo contemporáneo. Crecemos protegidos por nuestros padres. Si tenemos suerte, son tutores afectuosos. Ellos se ocupan de alimentarnos y de que vayamos bien vestidos. Nos protegen del viento y de la lluvia. Amortiguan los tropiezos de la vida. Lo comparten todo con nosotros sin restricciones. Si tenemos hermanos, a menudo los tratan de forma muy semejante a nosotros. No todos los padres logran evitar tener favoritismos, pero el ideal es dar un trato igual a los hijos. Recibir un trozo de tarta del mismo tamaño. Turnarse a la hora de compartir los juguetes especiales.

Existe poca vida comercial en el seno de la familia, al menos cuando somos jóvenes. El alquiler nos sale gratis. La comida también. Y la ropa. *Gratis* es la única palabra que conocemos. Todos los críos son iguales. Como ha señalado Walter Williams, economista de la Universidad George Mason, la familia es un paraíso socialista.

A medida que vamos creciendo, los buenos padres nos desenganchan de la dependencia y nos vamos valiendo por nosotros mismos. Nos encontramos en un mundo extraño y desconocido. Tenemos que arreglárnoslas por nuestra cuenta. De repente, estamos rodeados de riesgo e incertidumbre. Hemos de tomar nuestras propias decisiones. Competimos con quienes nos rodean por los mejores empleos, así como por el acceso a oportunidades. A menudo se producen situaciones injustas.

Tal vez nos guste ayudar a una amiga a trasladarse a un piso nuevo, o prepararle la cena cuando está desbordada de trabajo o incluso invitarla a cenar sin ningún motivo especial. Nuestros amigos nos ofrecen parte del confort y la seguridad de la vida familiar. Ahora bien, aunque hagamos amigos en el trabajo, ahí se nos incita a ganar más, a buscar beneficios, a ser más competitivos. Cuando llamamos a un proveedor o incluso a alguien de nuestra propia empresa situado en el otro extremo del país, nos enfrentamos a un extraño al que con casi toda certeza nuestro bienestar le es indiferente. Es cierto que existen normas culturales que restringen el egoísmo en estas situaciones. Igualmente importantes son las restricciones que impone la competencia: mi ansia de explotar a un cliente al que no conozco se ve limitada por el peligro de que dicho cliente acuda a la competencia. Pronto descubrimos que incluso si no nos importan nuestros clientes, tenemos más probabilidades de tener éxito si actuamos como si así fuera. Sin embargo, nuestro lugar de trabajo no podrá ser nunca como nuestro hogar.

El mundo de la empresa puede resultar áspero y frío. Los buenos empresarios son conscientes de ello e intentan fomentar un espíritu de equipo y de camaradería que se aprovecha de nuestro deseo de gozar de un entorno más cálido y que inspire mayor confianza. Pero participar en un circuito de tirolinas en un programa de orientación para los empleados no nos convierte en parte de una familia. El banco que quiere ser nuestro amigo miente. Inevitablemente, en el mundo contemporáneo nuestros tratos comerciales están impregnados de una distancia física y emocional que surge de la naturaleza de la economía contemporánea y del grado de especialización e intercambio que sustenta nuestro nivel de vida. Una proporción muy elevada de las personas con las que entramos en contacto están tan lejos que nunca las veremos. Sin embargo, confiamos en ellas debido a los incentivos de la competencia, la reputación, el deseo mutuo de volver a hacer negocios y las restricciones legales impuestas al fraude y al robo.

Al mismo tiempo que nos hacemos adultos —y hemos de tratar con un casero, un jefe o un rival comercial— a menudo fundamos una familia. Una vez más, existe un marcado contraste entre el mundo íntimo de la pareja y los hijos, en el que todo se comparte y en el que la cooperación se basa en el amor, y el mundo, más hostil, del trabajo, donde la cooperación se mantiene por los beneficios potenciales que genera.

Se trata de dos mundos diferentes. En realidad no hay nada que nos prepare para la diferencia que hay entre ambos. Como señaló F. A. Hayek en *La fatal arrogancia: los errores del socialismo*, una persona contemporánea tiene que habitar dos universos a la vez: un universo íntimo y otro lejano; lo que lo mantiene unido al primero es el amor, mientras que lo que lo mantiene unido al segundo son los incentivos económicos. Hayek sostenía que tendimos a querer ampliar las normas y la cultura de nuestra vida íntima familiar a nuestra vida comercial, que es menos íntima. Sin embargo, con eso no se refería a que fuéramos amables con la cajera del supermercado (suponiendo que nuestro supermercado tenga cajera) o con los compañeros de trabajo. Se refería a que sentimos la necesidad de intentar que la macroeconomía se parezca más al microcosmos familiar, adoptando las normas igualitarias de la familia y extendiéndolas mediante el sistema político a la sociedad en su conjunto.

Hayek pensaba que extender las normas de la familia a la sociedad en conjunto nos situaría en el camino que conduce a la tiranía. No sé si Smith hubiera estado totalmente de acuerdo: en 1759, el socialismo, el marxismo y el comunismo aún no habían surgido. No obstante, Smith opinaba que no somos capaces de ampliar el amor y la atención (tanto abnegados como egoístas) más allá de nuestro círculo inmediato de amigos y allegados. Sólo podemos aspirar a hacerlo. La pregunta de si esa pretensión es un noble ideal o un impulso peligroso no tiene respuesta.

En lo que creo que Smith hubiese estado de acuerdo con Hayek es en nuestro deseo de admirar, adorar y confiar nuestro destino a líderes poderosos. Una vez fuera del útero y del hogar, a menudo ansiamos seguridad y una figura poderosa en la que poder confiar. El problema es que los Hitler, los Stalin y los Mao no son nuestros padres, y no pueden amarnos como si fuéramos sus propios hijos, por muchas ganas que tuvieran de cuidar de nosotros, por lo que, en lo fundamental, se dedican a explotar nuestros anhelos mientras cuidan de sí mismos. Smith y Hayek nos advierten del peligro inherente a esa ansia de una figura políticamente poderosa en la que poder confiar. Ese peligro no reside únicamente en los tiranos: los ciudadanos de las democracias tienen ansias idénticas.

Por desgracia, la perspicacia de la que Smith dio muestra en *La riqueza de las naciones* no ha sido entendida plenamente. No enseñamos a nuestros hijos —y ni siquiera a nuestros alumnos de economía— gran cosa acerca de lo que sustenta nuestro nivel de vida contemporáneo. Ya sea debido a nuestro pasado (cuando vivíamos organizados en clanes y tribus) o a nuestra infancia (que transcurre en un entorno protegido), recelamos del trato con los extraños y sentimos inquietud ante la falta de coordinación de los procesos tan dispersos que constituyen una economía moderna. Hayek tenía razón en que para poder relacionarnos con nuestras familias y luego pasar a la esfera comercial y relacionarnos con desconocidos tenemos que habitar dos universos diferentes al mismo tiempo. Ahora bien, eso no resulta fácil.

Smith no tenía el menor interés en idealizar la vida mercantil. Si acaso, en *La teoría de los sentimientos morales,* lo que hace es retratar la búsqueda de riqueza con los colores opuestos. Como se desprende de lo que digo en estas páginas, yo creo que tenía toda la razón al subrayar como la ambición y el anhelo por conseguir riquezas materiales pueden acabar corrompiendo nuestras almas. No obstante, creo que era inevitable que Smith subestimase el hecho de que las oportunidades que surgen de la división del trabajo fueran algo más que una forma de disfrutar de un nivel de vida más elevado. Digo «inevitable» porque en tiempos de Smith existían nobles e industriales ricos que vivían de manera desahogada. Sin embargo, dicha riqueza era muy minoritaria, y Smith no debió de encontrar nada demasiado interesante en ser rico más allá de la capacidad de proporcionar empleo a criados, damas de compañía y demás séquito. Smith escribió durante las primeras etapas de la revolución industrial y quedó impresionado, y con razón, con la productividad de una fábrica de alfileres frente a la de un artesano. Ahora bien, ¿qué opinión le habría merecido una fábrica de alfileres o de automóviles contemporánea? No podía imaginarse lo que se avecinaba.

Tampoco podía haber previsto la revolución informática y las increíbles oportunidades de innovar que ésta ha generado y seguirá generando. En 1759 no existía ni el menor indicio del margen que la economía iba a ofrecer a la innovación y la creatividad humana. El lado oscuro de la división del trabajo consiste en ser el tipo que trabaja en la fábrica de alfileres en 1759, y que se pasa el día enderezando el alambre para fabricar alfileres una y otra vez. El lado luminoso es el especialista contemporáneo en robótica, que da con una manera de que el cirujano pueda extraerle a uno la próstata, o el mismo cirujano que se pasa todo el día operando y casi siempre lo hace a la perfección.

En resumidas cuentas, Smith no podría haber previsto la forma en que la vida económica se ha vuelto más fácil para tanta gente y, lo que quizá sea más importante, el modo en que la economía contemporánea permite a la gente encontrar significado, e incluso placer, en su trabajo. A este fenómeno —la relativa comodidad de la vida contemporánea para unos pocos miles de millones de personas a la vez que otros miles de millones de personas van consiguiendo salir de la pobreza— no le vendría mal que lo idealizásemos un poco. No es un fenómeno dotado de un sentido tan profundo como el de nuestras familias y comunidades. Ahora bien, nos ayuda a vivir más tiempo y a que la creatividad humana se desarrolle, lo cual no deja de formar parte de una vida plena. Es un fenómeno gracias al cual yo llevo música de muy buena calidad en el bolsillo, mi genoma puede ser utilizado para sanarme y puedo llegar a miles de personas que comparten mis intereses y que pueden contestar a mis preguntas a través de Internet. Sospecho que si supiésemos apreciar el importante papel de la división del trabajo y del comercio en la creación de las maravillas de la vida contemporánea, seríamos más tolerantes con sus imperfecciones y estaríamos más ansiosos por conservar los aspectos que le proporcionan su vigor.

Para que nuestro sistema económico pueda seguir ofreciéndonos mejor salud, mejor música y oportunidades para relacionarnos con gente de todo el mundo tiene que ser impersonal. Puede que nos gustase que las cosas fueran de otro modo. No obstante, en el mundo de la división del trabajo, los extraños desempeñan un gran papel en nuestras vidas. Y está bien que sea así. Por suerte, no es preciso que yo adore al director de una fábrica de válvulas cardíacas, al fabricante del coche capaz de recorrer diecisiete kilómetros por litro de gasolina o de mi iPhone. Y los directivos de esas empresas tampoco tienen que adorarme a mí. Contribuyen a que mi vida sea mejor y más interesante con independencia de que nunca vayan a verme ni a sentir por mí lo mismo que mi familia. Y eso está bien. ¿Buscan ustedes amor? Pues búsquenlo de manera local. De todas formas, en nuestras vidas escasea mucho, así que reservémoslo para aquellos a los que vemos todos los días. Amemos localmente, comerciemos globalmente.

Adam Smith coge mi abrigo del perchero donde lo colgó y se alegra de constatar que ya se ha secado. Me ayuda a ponérmelo y, siendo como es un buen anfitrión, me acompaña hasta la puerta. Mientras recorro el pasillo le doy las gracias una vez más. Esta vez no es por el whisky ni la conversación, sino por todo: por sus ideas e inspiración y por todo el tiempo que he disfrutado en su compañía gracias a la página impresa. Me interno en la noche. Ha dejado de llover, pero el aire está impregnado de una fina neblina. Una súbita sensación de frío me hace tiritar. Smith permanece un instante junto a mí. Acto seguido, nos despedimos.

Me resulta más difícil marcharme de lo que había supuesto. Después de que la puerta se haya cerrado y haya oído correrse el pestillo, me entretengo un poco en la acera. Me imagino al gran hombre iluminándose con una vela y subiendo con esfuerzo los peldaños de la escalera. En efecto, en una de las ventanas de arriba veo el destello de una luz. Quizá esté preparándose para acostarse. Quizá vaya a ponerse a leer durante unos minutos. Pese al frío y la humedad, espero del otro lado de la calle con la mirada fija en su ventana, pensando en sus ideas, en sus descubrimientos, en todas las formas en las que ha enriquecido mi vida, hasta que por fin se apaga la luz y la habitación se queda a oscuras. «Buenas noches, amigo mío –murmuro–. Que descanses.» Acto seguido, me subo el cuello del abrigo y me dirijo a casa.

Agradecimientos

Dan Klein, de la Universidad George Mason, fue quien despertó mi interés por el «otro libro» de Smith a raíz de nuestras entrevistas en *EconTalk* y numerosas conversaciones sin grabar. Dan creó el programa de Economía Política Smithiana de George Mason; enseñar en el marco de ese programa fue una gran experiencia docente, y estoy sumamente agradecido a mis alumnos por todo lo que aprendí sobre Smith a raíz de ello. Mis conocimientos generales en torno a Smith y sus ideas también se han enriquecido gracias a las muchas conversaciones sostenidas con Don Boudreaux, de George Mason, y con James Otteson cuando este último estuvo en la Universidad de Yeshiva.

Estoy agradecido a John Raisian y a la Hoover Institution de la Universidad de Stanford por el enorme apoyo y el entorno intelectual de Hoover. Sin ese apoyo y el tiempo que pasé allí, este libro jamás habría salido a la luz.

El título es un homenaje al maravilloso libro de Alain de Botton *Cómo cambiar tu vida con Proust.*

Mi agente, Raphael Sagalyn, se dio cuenta del potencial de este libro mucho antes que yo y me ayudó a diseñar su estructura cuando no era más que una vaga idea. Ha sido de gran ayuda a lo largo de todo el proceso. Mi amigo Gary Belsky me convenció de que realmente quería escribir un libro sobre *La teoría de los sentimien-*

tos morales. Es más, cuando me afanaba por encontrar mi voz, me mostró cómo podía infundir vida al libro y hacer de él algo más que un simple compendio de Smith. Su guía ha sido inestimable. Adrian Zackheim y Niki Papadopoulos, de Portfolio/Penguin, creyeron en el libro desde el primer momento y me alentaron de principio a fin.

Quisiera dar las gracias a Jonathan Baron, Pete Boettke, Mendel Bluming, Chaim Charytan, Shmuel Goodman, Lisa Harris, Andy Koshner, Richard Mahoney, Emily Messner, Jim Otteson, Aryeh Roberts, Yael Roberts, Bevis Schock, Patience Schock, Orlee Turitz, Barry Weingast, Jeff Weiss y Amy Willis por sus ánimos, su apoyo y sus comentarios críticos sobre el manuscrito.

Estoy agradecido a Gary Belsky, Dan Klein, Lauren Landsburg, Joe Roberts, Shirley Roberts y Ted Roberts por sus perspicaces observaciones sobre el texto; contribuyeron a mejorarlo inmensamente. Patricia Fogarty hizo una tarea excelente de corrección y edición, además de descubrir un sinfín de pasajes susceptibles de mejora. Mi editora de Portfolio/Penguin, Niki Papadopoulos, contribuyó a mejorar el libro de muchísimas formas. Me ayudó a encontrar la estructura más adecuada para cada capítulo, y sus comentarios han mejorado todas y cada unas de las páginas de este libro.

Como siempre, mi esposa, Sharon, ha sido mi correctora extraoficial y mi hombro oficial en el que llorar en el transcurso de los inevitables altibajos que acompañan la redacción de un libro. Ella hace que todo valga la pena. Tengo la dicha de compartir la vida con una persona a la vez amada e infinitamente digna de amor.

Bibliografía y lecturas recomendadas

Tenemos la suerte de vivir en un mundo en el que millones de personas pueden leer *La teoría de los sentimientos morales* completo y de forma gratuita. Es probable que usted pertenezca a ese grupo de gente afortunada, así que ponga manos a la obra. Todas las citas que he empleado en este libro proceden de la sexta edición (1790) de *The Theory of Moral Sentiments* (http://www.econlib.org/library/Smith/smMS.html) que se encuentra disponible en la Library of Economics and Liberty (econlib.org).[26] También encontrarán allí la obra maestra más célebre de Adam Smith, *Una investigación sobre la naturaleza y las causas de la riqueza de las naciones.*

Capítulo 1

Mi entrevista en seis partes con Dan Klein acerca de *La teoría de los sentimientos morales* está disponible en EconTalk.org. Dan organiza sus ideas en torno al libro de una forma muy distinta a la mía. A los lectores a los que les guste mi libro les encantará la perspectiva de Dan y aprenderán muchísimo de ella, al que igual que yo. Mi retrato biográfico de Adam Smith está basado en la encantadora y amena obra de John Rae, *Life of Adam Smith*, publicada en 1895

26 Todas las citas de *La teoría de los sentimientos morales* que figuran en esta traducción proceden de la edición castellana de Alianza Editorial, publicada en 1997. *(N. del t.)*

(http://www.econlib.org/library/YPDBooks/Rae/raeLS.html). También aprendí mucho del libro de Nicholas Phillipson, *Adam Smith: An Enlightened Life* (Yale University Press, 2012). Mi entrevista con Phillipson está disponible en EconTalk.org.

La cita de Joseph Schumpeter acerca de las relaciones de Adam Smith con mujeres procede de su *Historia del análisis económico* (Ariel, 1996).

Capítulo 2

Uno de los ejemplos más humorísticos y más breves de la Regla de Hierro del Yo es el que figura en el relato de Stephen Leacock «My Lost Dollar». Brillante escritor y humorista, Leacock también fue profesor de economía política en McGill University.

Las reflexiones de Jonathan Haidt acerca de si la moral es innata o aprendida pueden encontrarse en su fascinante libro *The Righteous Mind: Why Good People Are Divided by Politics and Religion* (Pantheon Books, 2012). Si bien Haidt no cita a Smith, sí cita mucho a Hume, y a partir de esas citas resulta evidente hasta qué punto Hume y Smith estaban de acuerdo en materia de moral y autoengaño. Ahora bien, el concepto del espectador imparcial es Smith en estado puro.

Capítulo 3

La historia de Peter Buffett procede de su libro *Life Is What You Make It: Find Your Own Path to Fulfillment* (Three Rivers Press, 2011). Cuando el libro se publicó, si Buffett hubiera conservado las acciones que tenía en Berkshire Hathaway, el libro habría valido setenta y dos millones de dólares. He actualizado la cifra para que refleje el valor de 2014: unos cien millones de dólares.

La reacción de Bernard Madoff al ser detenido —presuntamente de alivio— procede del libro de James Stewart, *Tangled Webs: How False Statements Are Undermining America: From Martha Stewart to Bernie Madoff* (Penguin Press, 2011).

Capítulo 4

Este capítulo está inspirado en ideas que expuse por primera vez en «Pigs Don't Fly: The Economic Way of Thinking About Politics» en EconLib.org. Las conversaciones que mantuve con Bruce

Yandle me ayudaron a profundizar en el concepto del autoengaño. Gracias a la magia de YouTube, pueden ver ustedes a Richard y Mimi Fariña cantando «Pack Up Your Sorrows», canción que forma parte de mi juventud. La historia de la muerte de Richard Fariña y las reacciones de Mimi y Joan Baez proceden del libro de David Hadjum *Positively 4th Street: The Lives and Times of Joan Baez, Bob Dylan, Mimi Baez Fariña, and Richard Fariña* (Farrar, Straus and Giroux, 2001).

Los puntos de vista de F. A. Hayek sobre la naturaleza falsamente científica de la macroeconomía se encuentran en su discurso que pronunció al recibir el Premio Nobel, «La pretensión del conocimiento», (http://www.elcato.org/publicaciones/ensayos/ens-2005-06-07.pdf). Los descubrimientos de Nassib Taleb acerca del autoengaño y los límites de la razón en un mundo incierto han influido profundamente sobre mi entendimiento de estas cuestiones. Véase *¿Existe la suerte? engañados por el azar: el papel oculto de la suerte en la vida y en los negocios* (Ediciones Paraninfo, 2006), *El cisne negro: el impacto de lo altamente improbable* (Ediciones Paidós Ibérica, 2008), y *Antifrágil: las cosas que se benefician del desorden* (Ediciones Paidós Ibérica, 2013). También me han resultado muy útiles las reflexiones de Jonathan Haidt acerca del autoengaño y los límites de la razón en *The Righteous Mind*, libro que menciono en las notas sobre el capítulo 2. Mis entrevistas con Taleb y Haidt sobre estas cuestiones pueden encontrarse en EconTalk.org.

La lucha de Ignác Semmelweis para convencer al mundo de que los médicos estaban difundiendo la fiebre puerperal procede del libro de Sherwin Nuland *El enigma del doctor Ignác Semmelweis: fiebres de parto y gérmenes mortales* (Antoni Bosch Editor, 2008).

Capítulo 5

La historia del pescador mexicano y del máster en Administración de Empresas se encuentra en Internet en diversas versiones; esta es la mía, formulada de manera que evoque la narración de Smith acerca de Plutarco. El inolvidable relato de Lev Tolstoi «¿Cuánta tierra necesita un hombre?» gira en torno a un tema análogo.

El relato acerca de Ted Williams, Jimmy Carroll y el coche de Williams procede del libro de Leigh Montville's *Ted Williams: The Biography of an American Hero* (Doubleday, 2004).

Puede que el episodio explicado por John Rae (aquel en el que cuando Adam Smith llega tarde a una cena de gala, Pitt le da muestras de su admiración poniéndose en pie y comentando que todos los invitados son sus discípulos) sea apócrifo, pero está fuera de toda duda que Pitt valoraba a Smith.

Capítulo 7

El texto completo de la carta de Smith a William Strahan sobre la muerte de David Hume puede encontrarse en las páginas preliminares de *Essays, Moral, Political, and Literary*, una recopilación de los ensayos de Hume editada por Eugene F. Miller (http://www.econlib.org/library/LFBooks/Hume/hmMPL0.html).

La frase «Hablar poco, hacer mucho» procede del Talmud, Avot, capítulo 1, Mishna 14.

Capítulo 8

Mi novela *The Price of Everything: A Parable of Possibility and Prosperity* (Princeton University Press, 2008; versión castellana: *El precio de todo. Una parábola de lo posible y lo próspero*, Antoni Bosch Editor, 2015) explora la noción del orden emergente. Para los descubrimientos de Hayek, empiecen por «El uso del conocimiento en la sociedad», publicado en inglés en *American Economic Review* (1945) y disponible en EconLib.org. Después lean *La fatal arrogancia: los errores del socialismo* (Unión Editorial, 1990).

El descubrimiento de Milton Friedman de que la suma de efectos insignificantes no tiene por qué ser despreciable aparece en su libro *Teoría de los precios* (Alianza Editorial, 1990).

¿Influyó *La teoría de los sentimientos morales* sobre Immanuel Kant? Existe un estudio de Samuel Fleischacker sobre esta cuestión que puede encontrarse en «Philosophy in Moral Practice: Kant and Adam Smith», in *Kant-Studien* 82 (3): 249-269 (1991).

Mi ensayo sobre la crisis financiera, "Gambling with Other People's Money: How Perverted Incentives Caused the Financial Crisis", investiga las causas y los efectos de la utilización de la deuda por parte de Wall Street. Puede leerse en mercatus.org.

Acerca de la importancia de la confianza, véase el libro de David Rose *The Moral Foundation of Economic Behavior* (Oxford University Press, 2011) y mis entrevista con él en *EconTalk*.

Capítulo 10

El maravilloso ensayo de Leonard Read acerca del orden emergente y la cooperación no planificada, «I, Pencil»[27], puede encontrarse en EconLib.org.

Gran parte de este capítulo constituye mi interpretación sobre el llamado «problema de Adam Smith», a saber: ¿cómo es posible que el hombre que escribió *La teoría de los sentimientos morales*, libro centrado en la simpatía y el altruismo, escribiera también *La riqueza de las naciones*, que parte del supuesto de que todos somos egoístas?

La explicación de James Otteson figura en nuestra conversación en *EconTalk* y en su libro *Adam Smith's Marketplace of Life* (Cambridge University Press, 2002). Según Otteson, los dos libros de Smith exploran el orden emergente: en un caso, el surgimiento de las normas de interrelación social, y en el otro, el surgimiento de los precios y otras variables económicas. El libro de Jonathan Wight *Saving Adam Smith: A Tale of Wealth, Transformation, and Virtue* (Financial Times/Prentice Hall, 2001) aboga por la importancia de ambos libros a la hora de apreciar el punto de vista de Smith sobre el capitalismo. El libro de Samuel Fleischacker *On Adam Smith's "Wealth of Nations": A Philosophical Companion* (Princeton University Press, 2004) indaga en torno a la influencia filosófica de *La teoría de los sentimientos morales* sobre *La riqueza de las naciones.* El ensayo de Ronald Coase «La visión del hombre de Adam Smith», que forma parte de sus *Ensayos sobre economía y economistas* (Marcial Pons Ediciones Jurídicas y Sociales, 2009) llega a una conclusión similar a la mía respecto al «problema de Adam Smith», si bien da una mayor importancia al amor propio que en ambos libros. También presta más atención a las implicaciones que eso acarrea para la intervención gubernamental. Vale la pena leer su ensayo, aunque no sea más que por su magnífico y breve resumen del punto de vista de Adam Smith acerca de la naturaleza humana en *La teoría de los sentimientos morales.* Quisiera agradecer a Dan Klein que me hablara del ensayo de Coase cuando este libro estaba prácticamente acabado, aunque me hizo preguntarme

27 («Yo, el lápiz»), versión castellana disponible en http://www.hacer.org/pdf/Lapiz.pdf. *(N. del t.)*

si no lo habría leído ya antes y me habría influido sin yo saberlo. Para profundizar más en cómo el volumen de población impulsa la división del trabajo y la prosperidad, véase mi programa de *EconTalk* dedicado a Smith, Ricardo y el comercio.

En este capítulo, cito el pasaje de *La teoría de los sentimientos morales* en el que Smith equipara la felicidad de un mendigo que toma el sol en un margen del camino con la de un rey:

> En el desahogo del cuerpo y la paz del espíritu, todos los diversos rangos de la vida se hallan casi al mismo nivel, y el pordiosero que toma el sol a un costado del camino atesora la seguridad que los reyes luchan por conseguir.

Aquello me pareció un tanto extremo. ¿Realmente goza de la misma seguridad existencial un mendigo que un rey? Thomas Martin, en «The Sunbathing Beggar and Fighting Kings: Diogenes the Cynic and Alexander the Great in Adam Smith's 'Theory of Moral Sentiments'» (*Adam Smith Review*, volume 8), apunta que Smith está escribiendo acerca de un mendigo muy concreto: Diógenes, quien, cuando Alejandro Magno le preguntó qué podía hacer por él, respondió que podía apartarse porque le tapaba el sol. La satisfacción de Diógenes no sería extrapolable a todos los mendigos. Desde el punto de vista de Martin, Smith no pretendía sostener que la riqueza fuera irrelevante para la seguridad existencial, sino que la perspectiva filosófica de alguien podía ser suficiente para sentirse seguro. Quisiera dar las gracias a Dan Klein por esta referencia.

Índice analítico